馆藏标准文献管理系统

陈曹维　蔡莉静　主编

海洋出版社

2008 年 · 北京

图书在版编目(CIP)数据

馆藏标准文献管理系统/陈曹维,蔡莉静主编. —北京:海洋出版社,2008.1
ISBN 978 - 7 - 5027 - 6952 - 9

Ⅰ. 馆…　Ⅱ. ①陈…　②蔡…　Ⅲ. 文献—信息管理系统—研究　Ⅳ. G253

中国版本图书馆 CIP 数据核字(2007)第 192318 号

策划编辑:高显刚
责任编辑:郑　珂
责任印制:刘志恒

海洋出版社　出版发行

http://www.oceanpress.com.cn
北京市海淀区大慧寺路 8 号　邮编:100081
北京海洋印刷厂印刷　新华书店北京发行所经销
2008 年 1 月第 1 版　2008 年 1 月第 1 次印刷
开本:787 mm×1092 mm　1/16　印张:14
字数:200 千字　定价:680.00 元(附赠软件)
发行部:010 - 62147016　邮购部:010 - 68038093　总编室:010 - 62114335
海洋版图书印、装错误可随时退换

编者的话

随着经济全球化步伐的加快，标准受到了前所未有的重视，"三流企业卖苦力、二流企业卖产品、一流企业卖技术、超一流企业卖标准"这句流行语十分贴切地描述了当今世界激烈的市场竞争以及标准在竞争中的地位和作用。因此，各行各业对相关的标准越来越重视，从而使得标准文献的利用率越来越高，标准文献所涵盖的领域也越来越广泛，各种新的标准层出不穷……所有这些都对标准文献的收藏和管理产生了影响，带来了一系列问题，提出了更高的要求。

对于图书馆来说，收藏标准文献并为读者提供标准文献的借阅服务是其服务中的一项重要内容。但是对于标准文献的管理，不少图书馆仍在沿用传统的卡片目录和书本目录，停留在手工管理阶段。把标准文献作为特种文献进行管理，即：单独收藏、单独加工、单独借阅，这种方式能较好地体现出标准文献的特性，充分展现标准文献独立的文献体系，即：不同于图书的体裁格式、不同于图书的分类体系、独特的标志、按照标准号进行排架等。目前大部分图书馆虽然都采用了不同的管理系统，基本实现了图书馆的信息资源数字化、信息传递网络化、信息利用共享化和信息服务现代化，但这种管理方式对标准文献而言不仅与现代化的图书馆不相适应，也不利于读者的检索使用。这是因为几乎各类标准文献（国家标准汇编、行业标准汇编等）都是按照标准号排序的，而读者利用，通常是在已知标准名称的情况下，这样检索起来首先要将标准名称转变成标准号，然后根据标准号再到相应的架位上检索，有时仅仅因为无法将已知的标准名称转换成相应的标准号，便严重影响读者使用。

针对这种情况，结合长期在图书馆工作所积累的经验，我们设计开发了馆藏标准文献管理系统，利用这个管理系统可以建立起馆藏标准文献数据库，让读者、用户通过网络方便快捷地运用标准序号、颁布日期、标准名称等方式检索到自己需要的标准文献。馆藏标准文献数据库的建立不仅能够实现文献资源共享，而且也能解决目前普遍存在的经费不足的矛盾，同时也提高了标准文献的利用率，这也是我国图书馆事业发展的总趋势。为了使图书馆的标准文献管理人员掌握标准文献的基础知识，更好地使用该系统，我们还编写了标准文献基础知识的有关内容，这些内容和系统指南共同组成了《馆藏标准文献管理系统》一书的主要内容。

《馆藏标准文献管理系统》分上、下两篇。上篇围绕标准文献基础知识问题进行介绍，包括：第一章标准化、第二章标准、第三章标准化原理、第四章我国标准化工作、第五章国际著名标准化组织、第六章标准文献管理工作；下篇是本书的第七章，主要对开发的馆藏标准文献管理系统作了详细介绍，包括系统概述、系统安装、系统个性化处理、系统的使用等，只要将这个管理软件安装在图书馆服务器上或者标准文献管理室的计算机上，就可以实现馆藏标准文献的计算机管理。此外，还可以在现有的图书馆主页生成一个超链接或按钮，这样就可以像检索馆藏中其他类型的文献一样实现馆藏标准文献的网上检索。如果本馆有电子版的标准文献，可以利用这个系统建立馆藏标准文献全文数据库，从而实现标准文献的网上借阅。这个管理系统还能使图书馆根据本馆的特色建成本馆标准文献局域网服务体系，再辅以馆际互借，这样无论是标准文献资源还是服务手段，都将上升到一个新的层次。

由于作者水平有限，书和软件难免有一些问题和失误，有的问题考虑不周，我们殷切希望广大读者、用户提出宝贵意见，以便修订时提高质量。

编　者

2007 年 1 月 11 日

目　　录

上篇　标准基础知识

下篇　馆藏标准文献管理系统

上篇　标准基础知识

第一章　标准化

标准化科学技术（简称标准化学或标准化）是一门既古老又崭新的学科，是人类在长期生产实践过程中逐渐摸索和创建起来的一门科学，也是一种重要的应用技术。从远古时代的语言、石器工具、度量衡标准化，到近代的机电产品质量标准化、品种规格系列化、零部件通用化，再到现代的信息技术、纳米技术和生物技术等高新技术标准化；从事后标准化到超前标准化；从单项标准化到综合标准化；从显性标准化到隐性标准化，标准化无所不在。因此，研究、学习和应用好这门学科不仅有广泛的社会意义，也有深刻的现实意义。

第一节　标准化发展简史

一、标准化的产生

我们知道，知识来源于实践，并指导实践，接受实践的检验。标准化也是这样，也是在生产劳动的实践中产生的，是人类实践的产物，同时也是社会发展到一定阶段必然出现的；它随着生产的发生而发生，又随着生产的发展而发展。

现在，人们普遍认为，标准化的产生分为以下几个方面。

1. 劳动工具与劳动产品标准化的产生

人们在劳动中使用最早的工具是石器。在长期的生产实践中人们逐渐发现各种石器工具如石斧、石刀等，都有一种最佳的形状和尺寸，具有这种形状和尺寸的石器使用起来效率最高，也最省力。于是人们便把这种形状和尺寸固定下来，形成某种石器的标准式样，这就是最早劳动工具的标准化。与此同时，劳动产品也逐渐走向结构定型化和尺寸统一化。我国考古发现，古代的生活器具，都有自己确定的形状和尺寸，同一器物的形状和尺寸完全一样。

根据古人类学提供的资料，早在 300 万年前人类就已经开始制造工具，我国在云南发现的元谋人化石，距今已有 170 万年，他们打制的石器同蓝田人、北京人使用的石器很相似，比较典型的是砍砸器、刮削器、尖状器等。在距今约 2.8 万年前的峙峪人文化遗物中发现了石镞，表明那时发明了弓箭。史前时代早期标准化的最明显例证就是不论从欧洲、非洲或亚洲出土的石器，其样式和形状都极其相似。到了新石器时代，又出现了磨制石器，它与打制石器相比，具有上下左右部分的比例更加准确合理的特点，用途趋向单一，刃口锋利，这是人类工具发展史上的一次伟大突破。对原始工具样式的简化和统一，是人类在简单而朴素的标准化行为中涉及到技术因素的开始。

2. 声音符号标准化的产生

古时候，人们在共同的劳动过程中为了传递消息，交流思想，开始时使用一些简单的、具有统一确定含义的呼唤声、喊叫声，以后逐渐发展成为具有简单音节的词语，再由词语发展成为句子。这个发展过程必须具有一个前提条件，即每一个发音或词语对于使用该语言的人群来说都必须具有统一的、确定的含义，否则就无法传递消息，交流思想。因此语言的形成过程实际上就是声音符号的标准化过程。

3. 文字代码标准化的产生

人们要跨越一定的空间和时间进行信息的交流和传递，仅有语言是不够的，还需要利用一些统一的符号对信息进行记忆、保存和传播，我国古代的"结绳记事"就是古代人们传播信息的一个有效方式。类似的方法在古代的世界各国都曾使用过。这些就是早期信息编码标准化的雏形。这些语言、符号和文字的产生过程就是一个不断的标准化过程，经过漫长的岁月发展为今天的语言、符号和文字。

如：中文、英文、俄文、日文分别是中国、英国（包括一些英联邦国家）、俄罗斯、日本的语言文字标准；1、2、3、4……9 则是全世界通用的数字符号标准；"＋"与"－"分别是表示正、负的符号标准；"I"、"R"、"V"分别是电学中电流、电阻和电压的符号标准等。

类似这样的语言、符号和文字标准还有许多，这是古代标准化的一项伟大的成果，其中一些一直沿用至今，仍是现代社会中一类十分重要的基础标准。

4. 度量衡制度的建立

随着社会生产力的发展，出现了剩余产品，于是开始了剩余产品的交换。为了进行交换，就需要有统一的计量器具，需要统一的度量衡制度。最早的度量衡比较原始，也比较粗糙，通常都是以方便利用的人体的某一部位作为计量单位的，这样就产生了我们所熟知的"伸掌为尺"、"手捧为升"、"迈步立亩"等计量标准。

原始人类的计量方法既不完善，也不准确，但是却使人类的相互交往和信息交流迈出了新的一步。自此之后，人类对事物概念的表达有了粗略的定量基础，基本上能够满足当时人们社会实践活动的需要，有效地解决了实践中遇到的一些具体问题。随着生产的不断发展和社会的不断进步，人们一次又一次地对度量衡进行改革和统一，以使其适应生产力的需要。统一的度量衡制度的发展和建立，表明具有独立形态的标准已经产生。

由此可见，标准化在人类远古时代就已经产生，产生的基础是生产劳动和产品交换的需要，标准化是生产劳动的必然产物，也是人类进行有效的劳动必不可少的重要手段。

二、标准化的发展

标准化的发展史和人类社会的生产实践是不可分的，它的整个发展进程中都伴随着人类征服自然、改造自然的足迹，它的历史同人类社会生产发展的历史一样久远。相传中国古代夏禹治水的时候，"左准绳"、"右规矩"，将"九地黄流"导入东洋大海。这"规矩"和"准绳"，就反映着古代的标准意识。战国时代的大思想家孟子，把"规矩"和"准绳"的作用加以引申发挥，使之更加系统化和理论化。

世界范围内的标准化在它漫长的发展史中，大体经历了以下几个重要发展阶段。

1. 标准化的萌芽阶段

远古时代，当人类尚处于茹毛饮血的状态时，其生活方式同周围其他动物相差无几。然而人类由于长期同大自然搏斗、群居的生活方式和脑的发达，终于学会了使用木棒、石头等作为狩猎和防御的工具。由于同样的原因，人类的吼叫声也发展成为清晰易懂的声音，成为交流思想感情和传达信息的手段，这些声音、音节的只言片语都能为大家所理解和公认，从而含有一定的标准化意义。在这种原始语言的基础上，又创造了符号、记号、象形文字，经过漫长的岁月才发展成为今天的书面语言。

这种无意识的标准化，虽然处于萌芽状态，但它的确是人类第一次伟大的标准化创举。

2. 古代标准化

古代标准化是建立在手工业生产基础上的。

人类从原始社会逐步向文明社会进化，主要是靠分工来实现的。而人类有意识地制订标准，也是由社会分工所引起的。社会分工引起的直接结果是生产的发展和产品的交换，或者用粮食去交换兽皮，或者用工具去交换粮食。不论最初的交换方式多么简单，它一开始就遵循一条客观法则，即等价交换。为了体现交换过程中的等价原则，就必须对交换物进行测量，或者以长短、或者以多少、或者以轻重进行定量，这就是最初的计量器具——度、量、衡产生的社会经济原因。

计量器具一开始是被用作交换和分配社会产品的衡量准绳的，它从本质上起着标准的作用。虽然最初人们建立的"标准"比较粗略，在不同时期利用麦粒、黍粒、竹筒、手指、脚、前臂、量臂等做过计量单位，但随着生产的发展，人们总是一次又一次地对计量单位进行改革和统一。

随着生产的发展和手工业技术的进步，手工业内部分工的细密和手工业技术的规范化和科学化就成了这一时期手工业发展的突出特点。春秋末期，齐国人著的《考工记》就是一部手工业生产技术规范的总汇。书中叙述了30项手工业生产的设计规范、制造工艺等技术问题，对手工业生产有一定的制约和指导意义，是手工业生产发展到一定阶段的产物。此外，还有李诫所著的《营造法式》中对建筑结构方面的规定，《本草纲目》中关于药物特性、制备方法和方剂的记载，沈括的《梦溪笔谈》，明朝宋应星的《天工开物》，徐光启的《农政全书》等都可视为规范化了的经验总结。

我们知道，人类的劳动是从制造工具开始的，但是到了手工业时代，劳动工具已经由石器逐渐过渡到青铜器，甚至出现了最初的铁器。我国商周时期的青铜器，无论其冶炼技术还是产品加工的精美程度，都可以作为这一时期科学技术和标准化发展水平的标志。

秦始皇统一中国后，用政令对计量器具、文字、货币、道路、兵器等进行全国规模的统一化，同时还颁布了各种律令，如秦朝的《工律》中规定："为器同物者，其大小、长短、广，必等。"显而易见，这是要求同类器物其外形尺寸应该一致，这些措施对当时经济文化的发展起了重要的促进作用。

公元 11 世纪的北宋王朝是我国封建社会科学技术空前繁荣的朝代，这一时期的标准化也达到了空前的高度。最具有代表性的是毕昇的活字印刷术和李诫的《营造法式》，前者成功地运用了标准件、互换性、分解组合、重复利用等标准化的方法和原则，被称为"标准化发展的里程碑"；后者则是对建筑材料、建筑结构方面做出规定，并运用了同现代的优先数系十分接近的数值分级方法。这些先进思想和伟大发明引起国外的重视并广为流传。伦敦泰晤士图书公司在 1978 年出版的《泰晤士世界历史地图集》的解释词中这样评价中国的古文明："……在 13 世纪时，中国仍然人口众多、出产丰富，它的社会很有秩序也很安定，它的科学和技术远甚于同时代的欧洲，在这整个时期，中国是世界上最强大的国家，中国的文化是世界上最光辉的。"马克思也曾高度评价中国的四大发明是"资产阶级发展的必要前提"。只是到了近代，由于自给自足的小农经济和高度中央集权的封建统治，严重束缚着生产力，使中国资本主义的萌芽长期未得到发展，中国逐渐落后于西方，并沦为半殖民地。

3. 近代标准化

（1）近代标准化的产生

近代标准化是随着 18 世纪 60 年代第一次产业革命的产生而产生的，是以机器大工业为基础的标准化。

正当古老的中华民族在人类文明进化史上洒尽风流，背着大一统、超稳定的中央集权专制统治的重负，把以四大发明为代表的古代文明奉献给全人类时，欧洲人从历时 1 000 多年的中世纪黑暗中觉醒了，一把将文明的火炬接了过去。蒸汽机的发明导致了西方资产阶级革命，使产业结构和生产组织发生了重大变化，手工业的生产方式变成以机器为主的大工业生产方式，标准化在新型的社会进化机制中的作用越来越重要了。同时，大机器生产又反过来推动了标准化的发展。

近代标准化是古代标准化的继承和发展，但是两者有着本质的区别。古代标准化是建立在手工业生产的物质技术基础上，基本上处于现象的描述和经验的总结阶段，主要是以直觉的和零散的形式，通过缓慢的进化过程而发展起来的。因此它在经济发展中的作用并不十分明显。近代标准化是在大机器工业的基础上发展起来的，生产和科学技术的高度发展，不仅为标准化提供了大量的经验，而且提供了系统的实验手段，从而使标准化活动进入了以严格的实验事实为依据的、定量化的阶段，这时人们通过民主协商的办法在广阔的领域采用了自己设计的工业标准化体系，伴随着工业化过程，创造出高度发达的物质文明。

（2）近代标准化的发展

在近代，世界各国的标准化经过了几个发展过程。

第一，提高生产率的发展过程。

工业革命后，由于竞争和市场的扩大，各产业部门都在迫切寻求提高生产率的途径。1798 年被称为"标准化之父"的美国人艾利·惠特尼（Eli Whitney）在制造来福枪时运用了互换性原理，成批地制造了具有互换性的零部件，为大量生产开辟了一条新途径。

1843 年，机器制造业的发展，使英国人惠特沃思提出了第一个螺纹牙型标准，这个标准后来在 1904 年以"BS84"正式作为英国标准颁布。要成批生产具有互换性的零部件，必须有相应的公差与配合标准。为此 1902 年英国纽瓦尔公司编辑出版了纽瓦尔标准——"极限表"，这也是世界上最早出现的公差制。在此基础上，1906 年英国颁布了世界上第一个国家标准——《BS27 英国公差标准》。此后，螺纹、各种零件和材料等也先后实现了标准化，不仅如此，1911 年被称为"管理之父"的美国人泰勒发表了《科学管理原理》，把标准化的方法应用于制定"标准时间"和"作业研究"，开创了科学管理的新时代，通过管理途径提高了生产率。正因为如此，人们评价泰勒是一个伟大的标准化专家。

在一系列标准化和科学管理成就的基础上，美国大资本家福特在 1914—1920 年间打破了按机群方式组织车间的传统做法，创造了制造汽车的连续生产流水线，采用标准化基础上的流水线生产作业法，把生产过程的时间和空间组织统一起来，促进了大规模成批生产的发展，这种流水线的组织形式很快被推广到其他部门并传遍世界。

第二，扩大了市场需要的发展过程。

工业化的初期，市场狭小，当时的工业标准只是对当地用户和有关工厂生产能力的反映。1850 年以后，由于运输业的发展，导致了交换范围的扩大，由此 1901 年英国工程标准委员会应运而生，这是世界上第一个国家标准化组织，它标志着标准化从此步入了一个新的发展阶段。

第三，调整产业结构实现生产合理化需要的发展过程。

第一次世界大战期间，由于物资奇缺，美国军工局通过严格的标准化，对产品品种规格加以严格限制，取得了显著成效。战后经济恢复时期又出现了产品花色品种过多过乱，严重影响生产率提高的问题，对此美国商务部所属的简化应用局发动了一场全国性的生产简化运动。第二次世界大战期间，由于军属品的互换性很差，规格不统一，致使盟军的供给异常紧张，许多备件要从美国运往欧洲战场，造成极大损失。为此军属部门再度强调标准化并相应地发展了包括运筹学、价值分析、线性规划合同及质量管理等新技术。在战后重建的狂热中，产品品种、规格再度泛滥，许多国家都把加强制定标准活动和促进压缩花色品种列为首要任务。除英美之外，其他一些工业化的国家也都开始重新看待自己的标准工作，积极效仿美国的做法。至此，伴随机器大工业产生的标准化，已经由保障互换性的手段发展成为保障国家资源的合理利用和提高生产力的简化技术。国家标准化的国际标准化成为人类社会不可缺少的因素。

　　4. 现代标准化

　　进入 20 世纪 60 年代后，由于科学技术发展迅猛，国际交往日益频繁，标准化的发展进入了一个崭新的发展阶段。在系统论、运筹学、价值工程、可靠性理论等新型学科的推动下，标准化的工作发生了很多转变，出现了以下特点。

　　（1）系统性

　　在系统论思想的指导下，一方面人们开始把标准放在系统思维有机联系中来考虑，不再是一个一个孤立地制定标准，而是从系统的角度出发，同时制定一整套相关的标准，在这个基础上建立了综合标准化的理论和方法；另一方面，用动态的观点考察和处理标准系统，产生了动态标准化和超前标准化。尤其是在现代社会，由于生产过程高度现代化、综合化，一项产品的生产或一项工程的施工，往往涉及到几十个行业、成千上万家企业和各门科学技术，它的联系渠道网遍及全国。生产组织、经营管理、技术协作关系，千头万绪，错综复杂。在这种形式下标准化工作仅靠制定单个的标准已经远远不够了。这就要求标准化工作要摆脱传统的方式，不仅要以系统的观点处理问题，并且要建立同技术水平和生产发展规模相适应的标准系统，这个标准系统还要跟产品系统、生产系统以及整个国家经济管理系统相协调。

　　（2）国际性

　　经济发展的国际化趋势是人类社会发展的不可阻挡的潮流。国际贸易的扩大、跨国公司的发展、地区经济的一体化都直接影响着世界各国的标准化。为了促进国际间科学、技术和文化的交流，世界各国都极为重视标准的国际化。大多数国家积极参与国际标准化活动。采用国际标准已经成为普遍的现象，不仅第三世界国家，就是发达国家也不怠慢。这种标准的国际性，不仅是国际间经济贸易交往的必然要求，而且也是减少或消除贸易壁垒，促进经济发展的必要条件。标准的国际性不仅能使各国的科技工作者运用同一种符号系统，互相交流思想，而且促使各国的标准化工作者积极将本国标准转化为国际标准，为发展本国的外向型经济服务。可以说，标准的国际化已经成为世界性潮流。

　　（3）目标和手段的现代化

　　所谓目标的现代化是指面向高科技的标准化。日本、西欧、美国近年来已经把本国标准化活动的重点转向高科技领域，印度也着手采取战略性措施，积极开展信息技术标准化工作。

为了面向 21 世纪，振兴我国经济，我国制定了高技术的研究和跟踪计划，确定在空间技术、生物工程、智能计算机系统、计算机辅助生产、智能机器人、新材料和先进的反应堆技术等方面，对经严格选择的目标进行研究和跟踪。

在标准化活动的手段方面，运用电子计算机进行文献管理、标准文献检索、标准化信息的反馈和信息的处理已经变为现实；现代实验设备、先进的检测设备、信息传递技术以及复印、传真、摄影、缩微、录像等多媒体和网络等先进技术在标准的研究、制定与实施过程中的普遍应用已经提上日程。这一时期标准化的特点是从个体水平发展到整体水平、从静态发展到动态、从局部联系上升到复杂联系。这就要求建立起与之相适应的科学方法论——以马克思主义哲学和系统理论为指导，以系统的最优化为目标，运用数学方法和电子计算机进行最佳协调，通过建立与经济技术发展水平相适应的标准系统，在包括经济管理和社会生活在内的广泛的领域里发挥其功能。这既是现代化建设事业对标准化发展提出的客观要求，也是标准化本身现代化的目标。

（4）软件标准化急剧发展

随着计算机应用的日益普及，人们的学习、工作和生活对其的依赖也越来越强，各类应用软件也层出不穷。这些软件必须通过标准化的途径，使系统达到协调统一，方便应用。因此，近几年软件标准化的工作急剧发展，软件的标准更新换代步伐也不断加快。

第二节　标准化学科体系

虽然标准化被用作组织生产和管理的手段由来已久，但长期以来只是停留在试用和经验的阶段，并未形成科学的理论体系。直到1934年第一本关于标准化的专著才问世，即约翰·盖拉德的《工业标准化——原理与应用》。在上个世纪 70 年代初期，出现了两本比较全面系统论述标准化理论体系的著作，一本是桑德斯的《标准化的目的与原理》（1972 年出版），另外一本是维尔曼的《标准化是一门新兴学科》（1972 年出版）。由此人们充分认识到，标准化是一门新兴学科，并开始了标准化学科体系的研究。

标准化学科是刚刚发展起来的一门新兴学科，有许多课题有待于我们进一步去研究、去揭示。标准化作为一门学科有别于具体的标准化工作，它是人们从事标准化实践活动的科学总结和理论概括，它来源于人们的标准化实践，并接受实践的检验，反过来又作用于实践，指导人们的标准化活动。

一、标准化学科的研究对象

简单地说标准化学科研究的对象就是标准化。它研究标准化的全过程及其规律，研究标准化的作用机制、原理、方法和应用等问题。其范围十分广泛，除了科研、生活、流通和消费领域之外，还包括人类生活和经济技术活动的其他领域。特别是国民经济和社会信息化领域为标准化科学研究提出的许多新问题。标准化学科的研究对象，概括地说就是研究标准化过程中的规律和方法。具体地说，主要涉及以下几个方面。

1. 标准化原理研究

（1）标准化学科基本概念的组成

标准化学科的基本概念包含了与其他学科相关的一些概念，当前需要研究的基本概念主要有：标准化有关术语的内涵与外延的研究；标准化研究范围的界定；标准化学科与其他学科例如系统工程、质量管理等的关系。

（2）支撑标准化学科的理论基础

任何学科都有本学科的理论基础，标准化学科也不例外。对于标准化而言，前人通过实践已经总结出了一些带有规律性的理论，但这些理论多偏重于指导某一工作，而支撑整个标准化学科的理论尚需要进一步研究，需要通过实践进行归纳和总结。而且目前国内外关于标准化理论的看法不一，提出问题的角度也不尽相同。因此，哪些是标准化学科中起主导作用的基本理论尚需要进一步研究。

2. 标准化方法研究

主要研究在标准化理论指导下，如何应用标准化的方法去达到标准化的目的。包括几个具体内容。

（1）标准化形式研究

标准化形式有简化、统一化、通用化、系列化、组合化，近些年又出现了综合标准化、超前标准化和系统集成标准化。随着科学技术的迅猛发展，还需要研究开发标准化的新形式和新方法。

（2）标准的制订、修订和贯彻执行

各个学科、各个领域、各种工作的标准化最终体现在标准的制订和贯彻执行上，因此标准化的方法还应该研究如何制订和贯彻执行各行各业的标准。

3. 标准化管理研究

主要研究如何运用标准化手段去进行宏观经济和微观经济的科学管理，同时也研究标准化工作自身管理问题，包括标准化的法律法规、方针政策、管理体制、运行机制、工作程序、信息传递、人才培养、科学研究、产品质量监督与认证、国际贸易与标准化、标准情报工作和标准化工作的组织机构等。

4. 标准化体系研究

标准化体系可以从标准化系统和标准化体系结构两方面入手进行研究。

标准化系统作为系统工程的分支学科，需要运用系统工程的观点、方法，研究标准化系统的构成要素和相互关系，即研究规范性文件的形式、各种标准类型、标准系统的结构功能，以及对标准系统进行管理的理论和方法、运作规律和外部联系。

标准化体系结构的研究在我国最先是在电子行业进行的。早在 20 世纪 80 年代电子行业就已经建立了一套基本适应当时电子工业法的需要并与国家标准基本协调的标准体系。随着科学技术的日新月异，特别是以电子信息技术标准化为标志的现代标准化的产生与发展，原标准体系的部分内容及结构需要进行修改、补充和完善，新标准体系需要加快研制，以适应新形势的需要。而且随着社会信息化进程步伐的加快，许多信息化工程（如电子商务、电子政务等）需要相应的标准技术体系结构予以支撑，这实际为标准化学科的研究工作提出了新的内容。

标准化学科研究对象中，标准化原理研究是整个标准化学科的基石，标准化方法研究是建立在整个理论基石上的框架，而标准化管理研究则是标准化原理和标准化方法的实际应用，标准化体系是对标准化学科的完善和提高。各个部分是相对独立的，每一部分都可以发展成为一个独立的研究分支；但是它们又是相互联系的，管理需要以方法作手段，方法又要以原理作基石；而方法和管理的应用以及标准体系的形成又反过来推动原理的发展，所以这几部分既相互独立，又相互联系、相互依存，共同组成标准化学科的完整学科体系。

二、标准化的工作对象

标准化工作的对象很多，从宏观上讲可以与标准化的基本任务紧密联系在一起。按我国《标准化法》的规定，标准化工作的主要任务是制定标准、组织实施标准和对标准的实施进行监督，若考虑近年来国际上广泛开展的"合格评定活动"，则标准化任务可扩展到三大方面的内容，具体见图 1 - 1 所示。

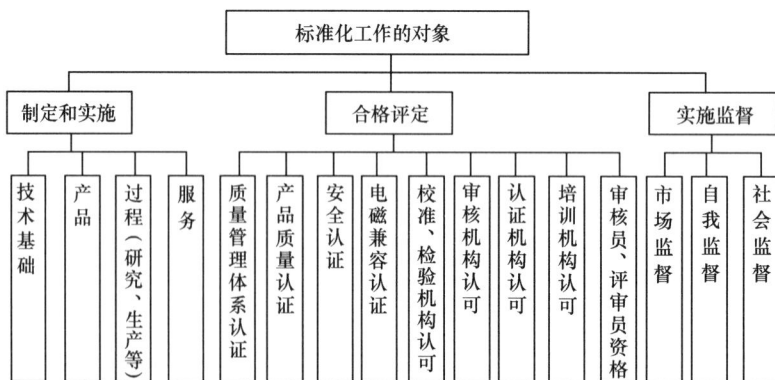

图 1 - 1　标准化工作的对象

1. 制定和实施

从制定与实施的各方面工作看，标准化工作对象包括非物质对象和物质对象两部分。非物质对象主要是指技术基础标准，具体包括术语与词汇、符号与代码、互换配合、技术管理、质量管理等标准化对象；物质对象主要是指产品、过程、服务，具体包括硬件与软件（含流程性材料或他们的组合）、研制与生产、检验与试验、包装与运输、服务与维修等标准化对象。

2. 合格评定

从合格评定方面看，标准化对象主要包括认证与认可两部分，涉及产品质量认证、质量管理体系认证、安全认证、电磁兼容认证、有关机构和人员认可等内容。

3. 实施监督

从标准监督方面看，标准化对象主要包括市场监督对象（如产品标准）、企业自我监督对象（如过程标准、基础标准）、社会监督对象（如产品标准）。

三、标准化学科的性质

标准化是一门综合性的边缘学科，这主要表现在以下几个方面。

1. 标准化具有技术学科的属性

这里我们说的技术学科指的是自然科学和技术科学。

标准化学科是研究标准化全过程及其规律的，而大量的标准化工作是制订和实施各类技术标准。要制订好这些标准，就必须深入研究标准化的对象，熟悉它们各方面的性能，把握其内在的技术规律，还要经过一定的科学实验。所以没有一定的专业知识和技术知识背景的人是难以制订出符合各个行业的技术标准的。可以说，一项技术标准就是若干与此相关的科学技术研究的成果的集合。从这个意义上说，标准化学科具有很强的技术学科的属性。

2. 标准化具有社会学科的属性

因为标准化既是一门管理技术，又是组织生产的重要手段，因此标准化学科在研究过程中，必然要涉及到人的因素，涉及到人与人之间的关系，这些都要以管理科学作为基础，而标准化本身又是管理科学的一个组成部分。所以标准化学科具有社会科学的属性。

3. 标准化与其他学科相互联系

标准化是一种现代化的管理科学方法，这一观点已经普遍为人们所接受。

作为管理科学，必然要与现代科学管理的方法发生关系。系统论、控制论、价值工程、运筹学等现代管理科学方法的应用，也都与标准化产生密切联系。特别是标准化的一个主要目的就是要取得最佳的全面经济效益，因此在标准化学科中，必须要掌握经济科学的一般理论，以及会计学、统计学等实用知识。

第三节　标准化基本概念

概念是人们思维的基础，它往往用一个术语或一个符号来表述或反映客观事物的一般特征和本质特征。人们在认识事物过程中，把感觉到的事物共性抽象出来，加以概括就成为概念。

正如每一个学科都有其一定的基本概念体系一样，标准化学科也有自己本学科的基本概念。在漫长而丰富的标准化活动实践中，经过标准工作者不断地总结、提炼、补充、修改和完善，标准化的基本概念已被制定为行业标准、国家标准乃至国际标准。同时，这些标准术语又是标准化学科的理论基础，弄清这些术语及其定义，对了解标准化学科的性质、学习标准化学科的内容、有效开展标准化活动，无疑都有重要意义。

一、标准化的定义

简单地说，标准化就是制定标准工作的统称。对于"标准化"这个概念，人们半个世纪以来一直在研究，并且不断地对其进行完善和发展。

目前，关于标准化的定义多种多样，具有代表性的有以下三种。

1. 桑德斯定义

国际著名的标准化专家桑德斯（T. R. B. Sanders）1972 年出版了《标准化的目的与原理》一书，在这本书中给"标准化"作了如下定义："标准化是为了所有有关方面的利益，特别是为了促进最佳的全面经济，并适当考虑产品的使用条件与安全要求，在所有有关方面的协作下，进行有秩序的特定活动所制定并实施各项规定的过程。标准化以科学、技术与实验的综合成果为依据，它不仅奠定当前的基础，而且还决定了将来的发展，它始终与发展的步伐保持一致"。

后来，在 1982 年，该书对标准化的定义进行了进一步修订，指出："标准化是指以制定标准和贯彻标准为主要内容的全部活动过程。"即标准化是一个过程，是制定和贯彻标准的过程。

2. 国际标准化组织定义

国际标准化组织自 20 世纪 70 年代以来对标准化的定义加强了研究，并在 1996 年以 ISO/IEC 第 2 号指南予以确定，把"标准化"放在第一个，明确"标准化"是对实际与潜在的问题做出统一规定，供共同和重复使用，以在相关领域内获得最佳秩序的效益活动。其中标准化活动由制定、发布和实施标准所构成。

3. 我国标准化定义

我国采用了 ISO/IEC 第 2 号指南，制定了 GB/T 20000.1 - 2002《标准化工作指南第一部分　标准化和相关活动的通用词 C》，指出：标准化是指为在一定的范围内获得最佳秩序，对规定问题或潜在问题制定共同使用和重复使用的条款的活动。上述活动主要包括编制、发布和实施标准的过程。

尽管上述标准化的描述各不相同，但是其基本内涵和本质是一样的，即：标准化是一个包括制定标准、实施标准等内容的活动过程，都指出了标准化的目的是为了获取秩序和效益。

二、标准化的含义

不论上述哪个定义，都包含了以下几个含义，这些含义从根本上对标准化作了一个全面的概括。

1. 标准化的内容

简而言之，标准化的内容是一种活动过程。标准化不是一个孤立的事物，而是一个活动过程，是制定标准、贯彻标准进而修订标准的过程。这个过程不是一次就能完结的，而是不断循环、螺旋式上升的运动过程。每完成一次循环，标准的水平就提高一步。

2. 标准化的产物

标准化的最终产物是标准。标准化的目的和作用都依靠制定和贯彻执行具体标准来体现。所以，标准化的过程必须以制订标准、贯彻标准、修订标准来体现。

3. 标准化的本质

标准化的本质就是统一，正如法国前标准化协会主席库里埃说的：标准化就是在混乱中建立秩序。有序就是统一，标准化就是用一个确定的标准将对象统一起来。所以，标准化也是一种状态，即统一的状态，一致的状态，均衡有序的状态。

4. 标准化的对象

标准化的对象就是所谓需要标准化的主题。主题通常针对实体，实体通常是指"能被单独描述和考虑的事物"。实体可以是某一产品，即活动或过程的结果；也可以是某一过程，即将输入转化成输出的一组彼此相关的资源（包括设施、设备、技术、方法等）和活动；也可以是服务，即为满足客户需求，提供产品与接受产品方之间接口处的活动以及供方内部的活动所产生的结果。

5. 标准化的效果

标准化的效果应该由社会实践检验。当制订了标准后，必须付诸于社会实践，才能充分表现出这一标准化的效果。一个好的标准如果没有被应用，没有被贯彻执行，那么也只是纸上谈兵，画饼充饥，就不会有什么效果。所以说标准的贯彻执行是标准化的全部活动中不可或缺的重要环节，也是使"标准"逐步"标准化"的重要一步。

6. 标准化的基本特征

标准化的基本特性主要包括以下几个方面：

①抽象性；②技术性；③经济性；④连续性，亦称继承性；⑤约束性；⑥政策性。

三、标准化的目的

开展标准化活动的目的在于追求一定范围内事物的最佳秩序和概念的最

佳表述，以期获得最佳的社会和经济效益，即"最大的社会效益"。这既是制订标准的目的，也是标准化的目的。标准化的经济效益是其社会效益的重要部分和显性部分，但并不是全部，它还应包括长期的、隐性的、不可计算的部分，甚至经济效益是负数，但是社会效益很大，其标准化活动也是有成效的。有序化和最佳社会效益是标准化的出发点，也是衡量标准化活动的根本依据。

除了上述总目的外，标准化还有一个或多个特定目的，以使产品、过程、服务具有适用性。

具体地说，标准化的目的体现在以下几方面。

1. 适用性

指产品、过程和服务在一定条件下实现预定目的或规定用途的能力。

2. 品种控制

为满足主导需要，对产品、过程或服务的规格或类型的最佳数量的选择。品种控制通常是减少品种。

3. 互换性

某一产品、过程或服务代替另一种产品、过程或服务并满足同样要求的能力。功能方面的互换性称为"功能互换性"，尺寸方面的互换性称为"尺寸互换性"。

4. 安全

免除了不可接受的损害风险的状态。通常着眼于实现包括诸如人类行为等非技术因素在内的若干因素的最佳平衡，把损害人员和物品可避免的风险消除到可接受的程度。

5. 兼容性

在具体条件下，诸多产品、过程或服务一起使用，各自满足相应要求，彼此间不引起不可接受的相互干扰的适应能力。

6. 环境保护

保护环境，使之免受由产品、过程或服务的影响和作用造成的不可接受的损害。

7. 产品防护

保护产品，使之在使用、运输或贮存过程中免受由气候或其他不利条件造成的损害。

四、标准化的作用

在实现从传统的计划经济体制向社会主义市场经济体制转变过程中，在经济增长方式从粗放型向集约型转变的过程中，一方面标准化的作用将得到充分发挥，另一方面对标准化工作提出了更高的要求。

1. 标准化有利于发展社会主义市场经济

建立社会主义市场经济是一项开创性的事业，是一种历史探索。加强标准化工作，能为市场经济体制的建立发挥应有的作用。标准化能为技术市场和信息市场注入活力。过去，标准成为人们获取技术和信息的一种渠道，将来，它的技术导向性、信息的准确性和及时性，会成为有关方面把握市场、占领市场、控制市场的源泉。标准是以科学、技术和社会实践的综合成果为基础而制定的，所以它的可信赖性和适用性以其独有的优势受到供需双方的青睐。

标准化能为市场经济创造平等竞争的良好环境。社会主义市场经济必须是一种规范化、制度化的市场经济，具有平等竞争、优胜劣汰、宏观调控等特点。而所有这一切，都离不开建立技术法规、标准、规范，同时还要建立证明产品是否符合技术法规、标准、规范的各种合格评定程序，以及完善的市场管理和监督体系。当今，标准化法律、法规、有序化的程序与国家一系列法律、法规成为规范市场主体（即企业）行业的依据，而规范性文件则成为规范市场客体（即商品）行为的依据。标准化创造了与国际惯例接轨的条件。市场经济的发展必然在经济上打破国家的界限，形成国际市场和多种形式的国际经济联系。为适应这一要求，国际贸易领域已经或正在形成一系列比较统一的通行的国际经贸条约、惯例和规则。以世界贸易组织（WTO）为代表的国际经济组织所制定的一系列文件涉及到大量的标准化问题。要发展市场经济，把国内、国外两个市场统一起来，必须遵守这些国际规则，以规范我们自己的经济活动。

2. 标准化是促进科技进步的重要途径

标准是新技术的载体，标准化与科技发展有着极为密切的关系，标准是以科学、技术和经验的综合成果而制定的，它包含了许多成熟的先进的技术，反映了具有市场潜力的主流技术，提供了大量的技术动向和数据，并与新技术的发展保持同步，所以，加强标准化工作对促进科技进步具有重要意义。

标准化能够促进企业的技术与产品开发能力。具体而言，围绕提高企业自主开发能力的设计技术、制造技术、测试技术、计算机和软件技术、管理技术等都与标准化有关。比如，在技术水平、构成水平、适用性与可操作性等方面基本与国际标准水平相当的一批软件过程、软件质量、软件技术与管理、软件工具与方法、数据建模等软件工程方面的标准，反映了国际主流技术和先进的软件开发与管理方法，为软件形成产业提供了导向性、基础性和规范化的技术依据；为软件产品的开发、管理、质量监督提供了基本准则；为软件技术创新、能力提高及实现工程化奠定了坚实的基础。标准化为技术改造（包括技术引进）提供了重要技术导向。通常，技术改造是围绕产品及其开发能力而进行的。与产品直接相关的产品标准及其配套标准，能够为其改造目标、装备和测试手段的能力以及最终考核验收，提供基本的技术依据。

3. 标准化能够改进产品、工程、服务质量

众所周知，产品（包括工程和服务）质量通常用质量特性描述。产品满足人们某种需求所具备的属性和特征称为质量特性。质量特性是由功能参数（包括性能参数、工作参数、结构参数）、可信性（包括可用性、可靠性、维修性）、安全性、环境适应性等多项要求来表征的，标准则定量地给出了衡量产品质量特性的各项要求以及相应的考核或评测方法。所以，标准是产品质量的准绳，是衡量产品质量的尺子，是检验工作的依据。

在市场经济中，规范性文件（包括技术法规、标准、规范、规程、导则、规则、指南等）为进入市场的产品质量提供了科学的衡量依据。在市场中，不管是国有企业还是个体私营企业，不管是外资企业还是内资企业，它们的产品质量合格与否或能否进入市场，都使用同一把"尺子"来进行"度量"，使大家都站在同一起跑线上参与市场竞争。

此外，规范性文件为市场质量的监管及仲裁提供了依据。市场监管体系

的技术依据就是标准：第一，质量监督的抽样、试验和检查的程序及方法，必须依据标准；第二，合格判据，必须依据标准；第三，环境试验设备和测量设备等试验手段的配备，必须依据标准；第四，合格评估、鉴定和保证，必须按有关规范性文件的规定进行；第五，实验室的注册、认可和批准，也必须按有关规范性文件的规定去办理。

4. 标准化是实现企业管理现代化的基础

标准化是实现科学管理的基础。为确保生产过程中技术上的相互衔接，管理上的有序高效，信息传递的准确高速，必须制定和贯彻各类标准来实现统一技术要求、统一规范、统一程序，作为指导生产活动的依据。企业标准化工作在把整个生产程序衔接起来，成为一个有机整体的过程中，起着内在联系作用。同时，它又通过企业内、外部信息的反馈，及时修订与制定新的标准，进而成为企业动态控制的基础。随着集约化生产的发展，要求企业依据生产技术的发展和客观的经济规律进行管理，实现管理机构高效化、管理技术现代化。企业内部要建立起符合生产活动规律的生产、技术、质量、设备、服务以及安全与环保等完整的管理体系，把管理业务和各项工作标准化。

当前，企业管理的中心环节之一是质量管理，而质量管理的基础则是国际标准。在世界工业和经济领域受到广泛重视的 ISO 9000 族质量管理标准已经对我国的经济发展产生了积极的影响，贯彻 ISO 9000 族标准，实施质量体系认证，已经成为广大企业主动适应市场竞争和求得自身发展的自觉要求。可以说没有标准化就没有科学的质量管理。通过标准化，一方面确保在企业内部建立并保持一个有效的质量体系，使用户对企业提供的产品和服务有信心；另一方面将市场或用户对产品的性能、可靠性、安全性等要求充分反映在文件化的产品标准中。所以说，标准化贯穿于企业质量管理的始终。从企业全面标准化的意义上来理解，企业开展全面质量管理实际上就是企业全面标准化管理。

5. 标准化是加强国际贸易与合作的有效工具

当今，世界经济的全球化格局正在形成，各国经济已从"互通有无"转向"互相依存"。在这一形势下，标准化、通用化的国际潮流成为对犬牙交错的国内外市场进行协调、沟通、信任、简化的有效手段。

在国际贸易中，世界贸易组织已经形成了一套国际贸易规则，其中贸易技术壁垒协议对技术法规、标准、合格评定都做出了明确规定。如果各方都按规定执行同样的要求，就可以消除贸易中的技术壁垒。如果不按规定的要求，就可以设置贸易中的技术壁垒。因此，我们应当运用标准化手段，发展市场经济，促进国际贸易，维护国家利益。中国是发展中国家，许多企业的技术水平和产品质量都需要提高，积极采用国际标准和国外先进标准，可以改进企业管理方法、提高企业的产品质量，使企业不仅在国内市场中立于不败之地，而且为进入国际市场打下坚实的基础。

6. 标准化促进经济全面发展，提高经济效益

标准化应用于科学研究，可以避免在研究上的重复劳动；应用于产品设计，可以缩短设计周期；应用于生产，可以使生产在科学的和有秩序的基础上进行；应用于管理，可以促进统一、协调、高效。

7. 标准化是科研、生产、使用三者之间的桥梁

一项科研成果，一旦纳入相应标准，就能迅速得到推广和应用。因此，标准化可使新技术和新科研成果得到推广应用，从而促进技术进步。

8. 标准化协调供需关系，促进合作

在国际贸易中，发达国家间、发达国家与发展中国家间的贸易磨擦越来越集中于技术壁垒方面，技术壁垒造成的贸易磨擦千奇百怪，常使纠纷无法解决。在这种情况下，协调供需关系、消除贸易壁垒、提高贸易效率的任务，理所当然地由标准化工作来完成。此时，标准化首先要协调的是技术法规和标准。当有相应的国际标准时，按国际标准进行协调，这是最理想的情况，但国际标准的数量毕竟有限，远远不能满足国际贸易的需要，所以大量的协调工作依然存在。标准化的一项重要功能就是它的协调性，通过协调，使双方在技术法规和标准上取得共识。此外，还要协调试验、检验、认证等方面的问题。

9. 标准化有利于提高贸易效率

提高贸易效率是最为关注的大问题，它直接制约着世界经济的发展。标准化为提高贸易效率做出了卓有成效的贡献，具体表现在：实现了国际贸易

单证和程序标准化、国际贸易术语的标准化、国际贸易通信代码的标准化、国际运输的标准化等。当今，为提高贸易效率而在全球范围推广的电子商务，得到标准化强有力的技术支撑。它运用系统工程方法提供电子商务概念要领结构和技术参考模型，建立由应用标准、应用平台标准、网络标准和公共基础标准等组成的标准体系，能为实现电子商务有序性、整体性、层次性、协调性和实用性打下坚实的技术基础。

五、标准化的三维空间

内容、领域、级别是每一个标准所必需具备的三个要素，我们把这三个要素分别标注在一个三维直角坐标系的三个轴上，就构成了标准化的空间，如图 1 - 2 所示。

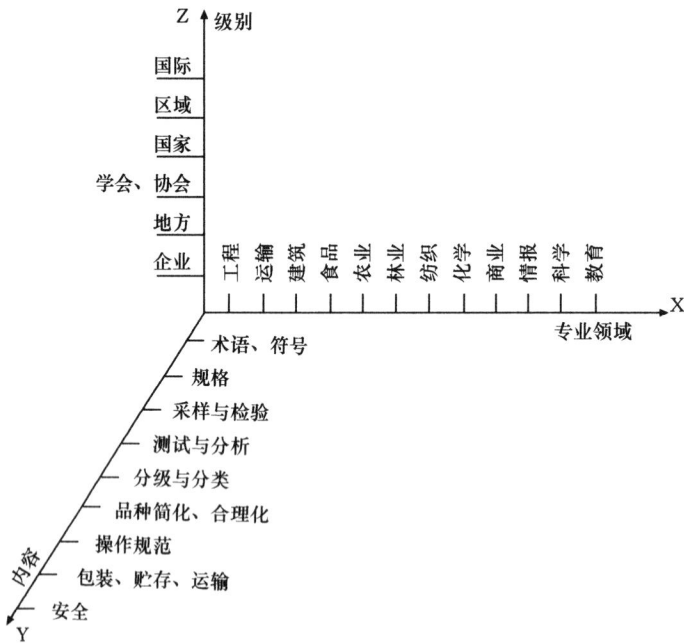

图 1 - 2　标准化的空间

X 轴代表标准化领域，Y 轴代表标准化的内容，Z 轴代表标准化的级别。用此空间的概念能反映出标准化的领域及内容。从图 1 - 2 中可以看出：这个空间的任意一点都对应于一个具体的标准。反之，任何一个标准都可以在这个空间中找到一个与之相对应的点。在图 1 - 2 中，把任何一条可以连接起来的线上的词组织起来，这样便可以形成一类或一种属于一定层级、一定对象和一定性质的标准。例如，X 坐标取"食品"，Y 坐标取"安全、卫生"，Z 坐标取"国家"，即可形成"国家食品安全、卫生标准"。如 Z 坐标取"企业"，则形式"企业食品安全卫生标准"。

标准化空间的概念是波兰的约·沃吉茨基于 1960 年提出的。从图 1 – 2 中可以看出：这个空间的任意一点都对应于一个具体的标准。反之，任何一个标准都可以在这个空间中找到一个与之相对应的点。

标准化是一个不断扩展和充实的空间。而且这种扩展趋势还远远没有达到顶点。从现代世界科学技术和经济贸易发展的速度判断，标准化空间不仅从广度方面还有继续扩展的空间，而且从其内涵和结构方面也会得到进一步的升华。

第二章 标 准

随着经济全球化进程的加快，跨国公司挟其专利和标准两大武器，不断在全球扩大自己的市场份额，追求其利益的最大化。因此，近些年，尤其是我国加入 WTO 后，标准已经引起了各方面的极大关注。在本章中我们将从标准的基本概念、标准的级别、标准的体系等几个方面向读者进行详细介绍。

第一节 标准的基本概念

一、标准定义

标准的定义和具体内容是随着技术的进步不断得到充实和变化的。以前的标准多体现为对产品或服务的技术要求和质量要求，伴随高新技术的快速发展，标准也发生着变化，标准的内容越来越丰富。

目前关于标准的定义多种多样，比较有代表性的有以下几个。

1. 国际标准化组织关于标准的定义

国际标准化组织（ISO）在指南 2 – 1991《标准化和有关领域的通用术语及其定义》中对标准下了定义：标准是一种规范性的文件，是为在一定范围内获得最佳秩序，对活动或其结果规定共同的和重复使用的规则、导则或特性的文件。该文件经协商一致并经一个公认的机构批准。

所谓规范性文件是指：为各种活动或其结果提供规则、导则或规定特性的文件。这里所说的"规则、导则"是给大家提供共同遵守的制度、程序、方法等，如技术工作程序、标准结构及编写规则等；"特性"是指产品、过程或服务的性质。需要指出，规范性文件有多种，它是诸如标准、技术规范、规程和法规等文件的通称。这里所说的"活动或其结果"是指产品（包括过程和服务）。产品可包括服务、软件、硬件、流程性材料或它们的组合；产品可以是有形的，也可以是无形的或是它们的组合；产品可以是预期的，也可以是非预期的。

2. 我国关于标准的定义

我国在国家标准 GB 3935.1 – 1996 中对标准的定义采用了 ISO/IEC 指南 2 – 1991 中的标准术语的定义。即：标准是对重复性事物和概念所做的统一规定。它以科学、技术和实践经验的综合成果为基础，经有关方面协商一致，由主管机构批准，以特定形式发布，作为共同遵守的准则和依据。

该定义包含以下几个方面的含义。

（1）标准的本质

标准的本质属性是一种"统一规定"。这种统一规定是作为有关各方"共同遵守的准则和依据"。根据《中华人民共和国标准化法》规定，我国标准分为强制性标准和推荐性标准两类。强制性标准必须严格执行，做到全国统一。推荐性标准国家鼓励企业自愿采用。但推荐性标准如经协商，并计入经济合同或企业向用户做出明示担保，有关各方则必须执行，做到统一。

（2）标准制定对象

标准制定的对象是重复性事物和概念。这里讲的"重复性"指的是同一事物或概念反复多次出现的性质。例如，批量生产的产品在生产过程中的重复投入、重复加工、重复检验等；同一类技术管理活动中反复出现的同一概念的术语、符号、代号等。只有当事物或概念具有重复出现的特性并处于相对稳定时才有制定标准的必要，使标准作为今后实践的依据，以最大程度地减少不必要的重复劳动，又能扩大"标准"重复利用范围。

（3）标准产生的客观条件

标准产生的客观条件和基础是"科学、技术和实践经验的综合成果"，这就奠定了标准的科学性和先进性。

这就是说标准既是科学技术成果，又是实践经验的总结，并且这些成果和经验都是经过分析、比较、综合和验证，然后加以规范化，只有这样制定出来的标准才能具有科学性。

（4）标准的制定要协商一致

制定标准过程要"经有关方面协商一致"，就是制定标准要发扬技术民主，与有关方面协商一致，做到"三稿定标"，即征求意见稿—送审稿—报批稿。制定产品标准不仅要有生产部门参加，还应当有用户、科研、检验等部门参加共同讨论研究，争取做到"协商一致"，这样制定出来的标准才具有权威性、科学性和适用性。协商一致（consensus）是指：普遍同意，表征为对实质性问题，有关重要方面没有坚持反对意见，并且按程序对有关各方面的观点进行了研究和对争议经过了协调。协商一致并不意味着没有异议。简言之，协商一致是指有关各界的重要一方对标准中的实质性问题普遍接受，没有坚持反对意见，并不是说所有各方全无异议。为了保证标准的严肃性和权威性，标准需经公认机构批准，这是非常必要的。这里的公认机构，自然是权威机构，它一般包括政府主管部门、标准化组织或团体（包括国际组织或区域组织）、从事标准化工作的协会或学会等。

（5）标准文件固定格式

标准文件有其自己一套特定格式和制定颁布的程序。标准的编写、印刷、幅面格式和编号、发布的统一，既可保证标准的质量，又便于标准文献管理，体现了标准文献的严肃性。所以，标准必须"由主管机构批准，以特定形式发布"。标准从制定到批准发布的一整套工作程序和审批制度，是使标准本身具有法规特性的具体表现。

二、标准的特殊性

其实，标准最基本的含义就是"规定"，就是在特定的地域和年限里对其对象作出的"一致性"规定。但是不能就因此认为凡是规定都是标准。在人类生活和社会实践中，除了标准这样的规定外，还有其他各类这样或那样的规定，而标准的规定却具有其他规定所没有的特殊性。

1. 标准制定和贯彻基础

标准的基础和依据是科学技术和实践经验，它所反映的水平是在一定时间内科学、技术和经济领域中科学技术发展水平和在实践中应用的经验的总结。实际上，在制定标准的技术要求和各方面要求时，都要充分搜集先进的科学技术内容，在制定管理标准时也要搜集整理各类管理程序、事项处理过程、操作步骤等资料。搜集的范围不仅仅限于标准的适用范围，而且还要广泛征集同行业包括国外的先进技术和管理经验，在综合分析、试验验证的基础上形成标准的内容。所以，标准是以科学、技术、时间经验的综合成果为基础的。

2. 标准是"协商一致"的最终体现

由于标准涉及到各个方面的利益，有时甚至是对立的双方，因而在制定标准时，认识上的分歧是普遍存在的，解决的方法就是协商，这是标准的一个重要特性。在推荐性标准化管理体制下，国家、地方的政府机关和企业及团体之所以能自觉自愿地采用标准，完全是因为这些标准是在充分协商的基础上制定的，能广泛代表各方面的利益。即使在强制性标准化管理体制下，标准也是协商的产物。

3. 标准的颁布有特定的过程和形式

标准从制定到颁布有其特定的过程，首先要确定项目，然后搜集资料，接着是试验验证，之后是起草标准草案、征求意见并修改，一直到确定由哪一级机构颁布等。上述过程在很多国家已经形成了一套完整、成熟的程序。此外，标准的封面、首页的内容和构成等编排格式都有具体的规定。这些程序和规定是根据几十年经验按照国际标准所要求的原则而确定的。

三、标准的性质

通常，每一个标准都应该根据当时的科学技术所能达到的实际水平来制定，既不能超前也不能滞后。超前了，现有的技术难以实现标准的规定，标准等于空中楼阁；滞后了，不能满足实际需要，等于没有标准。因此，在制定标准时，要通过一系列试验来验证标准的规定能否在现有的条件下达到或者满足使用要求。正是由于这一特点决定了标准具有下面的性质。

1. 科学性

标准不是某个人随心所欲制定的，而是在一系列科学理论的基础上经过科学试验的检验而制定出来的，它能在一定程度上反映某一时期科学技术发展水平。

2. 时效性

众所周知，随着科学技术的日新月异，与之相应的技术水平也不断进步。原来的标准可能远远落后于现有的技术水平，也落后于消费者的使用要求，这时标准就失效了，需要重新制定相应的标准。正因为如此，标准才有一个时间限制，有一定的时效期。

在我国，一般的产品标准的有效期为 3~5 年，少数的也有 10 年左右的，而基础标准的有效期比较长，一般为 10~20 年。具体标准的时效性与标准领域有关，也与具体标准有关。

3. 统一性

标准是一种统一规定，是行为准则和依据，其本质就是"统一"。这一本质决定了标准具有强制性、约束性和法规性。标准化就是法规，一经审批和发布，相关各方就必须无条件严格执行，既不能随意修改，也不能采取任何形式进行变通，因此只要是标准，实际上就是带有强制性质的。

四、标准的要素

每一个标准都有自己的特定内容，有一定的适用级别，仅在一定时间内有效，而且根据标准所规定的内容，我们能够判断出其所属的专业领域。因此，上述内容、级别、时间和专业领域构成了标准的四要素。

1. 标准的内容

所谓标准的内容就是标准中规定的标准化对象的特征。由于标准化的对象不同，所以它的标准所规定的内容也不尽相同。

具体表现在以下三个方面：

①抽象概念的标准内容：以名词术语、符号代码为主；

②具体产品的标准内容：主要是产品的品种系列、规格、质量参数以及技术条件、试验方法、检验规则、标志、包装、运输、贮存事项等；

③管理业务的标准内容：主要是业务内容、管理程序和方法等。

2. 标准的级别

标准的级别就是指标准所适用的空间范围，它同批准发布标准的主管机关的行政级别是一致的，与标准的内容无关，也不能代表标准所规定的指标水平。关于标准的级别本章下一节将作进一步详细介绍。

3. **标准的时间**

标准的时间也称为标龄，它是指从标准的发布之日起到修订或废止之日的时间周期。由于科学技术的日新月异，标准会日渐陈旧落后，甚至阻碍了人类社会的发展，因此，有必要在一定时间后，对原有的标准内容进行复审，以确定其是继续有效，还是需要修订，还是废止。这样，每个标准都有一个有效的时间，其有效时间的长短主要依据科学技术的发展和时间经验的发展而定，不同类型的标准，其有效时间也不相同。

4. **标准的专业领域**

所谓标准的专业领域就是指标准所涉及的专业范围，具体地说就是标准化对象所属的专业部门。我国的国民经济生产大体上可以分为两个基本大类：物质生产和非物质生产。这两大类可以分成工业、农业、商业、运输、建筑、科学、教育、卫生等若干个部门，每个部门又分成若干个专业，而每个专业又细分成若干个行业。标准化对象总是分属于一个特定部门的特定行业和专业，那么这个特定行业和专业也就是它所制定标准的专业领域。

五、标准化与标准

需要说明的是，标准化与标准并不是一个概念，两者有本质的不同。

标准化是一个过程，是为在一定的范围内获得最佳秩序，对实际的或潜在的问题制定共同的和重复使用的规则的活动。它包括制定、发布及实施标准的过程。标准化的重要意义是改进产品、过程和服务的适用性，防止贸易壁垒，促进技术合作。因此，标准化是一项活动过程，这个过程是由三个关联的环节组成，即制定、发布和实施标准。这个活动过程在深度上是一个永无止境的循环上升过程。即制定标准，实施标准，在实施中随着科学技术进步对原标准适时进行总结、修订，再实施。每循环一周，标准就上升到一个新的水平，充实新的内容，产生新的效果。这个活动过程在广度上也是一个不断扩展的过程。标准化的目的是"获得最佳秩序和社会效益"。

标准则是一些文件，是为在一定的范围内获得最佳秩序，对活动或其结果规定共同的和重复使用的规则、导则或特性的文件。该文件经协商一致制定并经一个公认机构的批准。标准应以科学、技术和经验的综合成果为基础，以促进最佳社会效益为目的。标准的本质属性是一种"统一规定"。标准制定的对象是重复性事物和概念。标准产生的客观基础是"科学、技术和实践经验的综合成果"。制定标准过程要"经有关方面协商一致"，就是制定标准要发扬技术民主，与有关方面协商一致，做到"三稿定标"，即征求意见稿—送审稿—报批稿。标准文件有自己一套特定格式和制定颁布的程序。

第二节　标准的级别与类别

一、标准级别的形成与发展

随着科学技术的不断发展，标准化工作也日益深入，标准的作用范围不断扩大，逐渐形成了不同的级别。标准级别的形成大致经过了从分散的公司标准到同行业的统一标准、从行业统一标准到国家标准，再从国家标准到国际标准的过程。

1. 从分散的公司标准发展到同行业的行业标准

标准化发展的初期，主要是一些公司自己制定标准，在公司标准发展的基础上，随着各种学会的出现，行业标准得到了较快的发展。例如，美国在100多年前，每一个公司都有自己的标准。到了 19 世纪后期，为了适应工业发展的要求，各个公司联合成立了各行业的学会或协会，统一制定本专业或本行业的标准。最著名的美国机械工程师学会 ASME（American Society of Mechanical Engineers）和材料与试验学会 ASTM（American Society for Testing and Materials）都制定了不少的行业标准。随着各种行业的增多和工作的广泛开展，行业标准得到了较快的发展，有的行业标准具有较大的影响力，甚至发展成了本国的国家标准。

2. 从行业标准发展到国家标准

由于生产的发展和协作范围的不断扩大，许多标准不仅要在本行业范围内统一，而且要求跨行业，在全国范围内统一，于是产生了国家标准。与此同时，也出现了国家标准化组织。首先是英国 1901 年成立了国家级标准化团体，以后其他国家的标准化团体也相继成立，标准化开始成为所有工业国家经济结构的一部分。国家标准化团体出现后，世界各国都制定和贯彻了大量的国家标准，因而提高了产品质量，取得了明显的效果。

3. 从国家标准到国际标准

随着经济全球化的深入，科技交流和协作日益增加，各国不断加强合作，此时各国分别进行标准化活动的结果造成了各国标准的互不协调，使国际交流及相互间的协作发生了障碍，使得开展国际标准化活动迫在眉睫。1790 年，法国政府邀请英国和美国就统一国际间度量衡问题进行协商。1882 年，在欧洲召开了由欧美各国有关人士参加的关于统一钢铁材料试验方法的会议，这就是典型的国际间标准化活动事例。

国际电工委员会的成立，使标准在国际间的统一有了良好的开端，国际标准化组织的成立，为标准化在国际范围内开展提供了更加有利的条件。从此，国际标准化工作得到迅速发展，国家标准逐渐增多。

二、国内标准的分级

国内标准的分级是根据《中华人民共和国标准化法》的规定划分的，一般我国的标准可以分为国家标准、行业标准、地方标准和企业标准四个级别。

1. 国家标准（最高一级标准）

国家标准是指由国家的官方标准机构或国家政府授权的有关机构批准、发布并在全国范围内统一和使用的标准。它在全国各行业、各地方都适用，也是我国标准体系的主体。国家标准一经批准发布实施，与国家标准相重复的行业标准、地方标准即行废止。

国家标准包括了以下几个含义。

①范围：需要在全国范围内统一的技术要求。

②制定者：由国务院标准化行政主管部门即国家质量技术监督局制订并发布。

③性质：国家标准可以分为包括强制性国家标准和推荐性国家标准。

强制性国家标准——也就是说必须执行的标准，主要涉及安全、卫生、环保等方面的标准；

推荐性国家标准——指非强制标准和其他所有国家标准。

④编号：国家标准的编号比较统一，通常由国家标准代号（大写汉语拼音字母）、发布的顺序号（阿拉伯数字）和发布的年代号（四位阿拉伯数字构成）。

强制性国家标准编号为：

GB　×××××—××××
　　　　　　　　　　　标准发布年代号
　　　　　　　　标准顺序号
　　强制性国家标准代号（"国标"拼音的首字母）

例如：GB 12237 – 1989 通用阀门法兰和对焊连接钢制球阀

⑤说明：国家标准中，药品、食品卫生、环境保护、工程建设等标准由国务院有关行政主管部门发布或与国家标准化主管部门联合发布。

2. 行业标准

我国的行业标准是指我国一个行业的标准机构制定并在这个行业内统一和使用的标准。通常行业标准由国务院有关行政主管部门主持制定和审批发布，并报国务院标准化机构备案。

行业标准包含了下面的信息。

①范围：没有国家标准而又需要在全国某个行业范围内统一的技术要求。

②制定者：由国务院有关行政主管部门制定。

③性质：强制性执行标准——必须执行；

推荐性执行标准——推荐执行。

④编号：由行业标准代号（按照国务院标准化行政主管部门规定，由大写汉语拼音构成）、标准顺序号（阿拉伯数字）和发布的年代号（四位阿拉伯数字）构成。

强制性行业标准代号：

```
××    ×××××—××××
                    ┌──→ 标准发布年代号
                  ┌────→ 标准顺序号
                ┌──────→ 强制性行业标准号
```

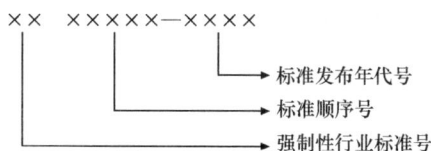

推荐性标准编号：

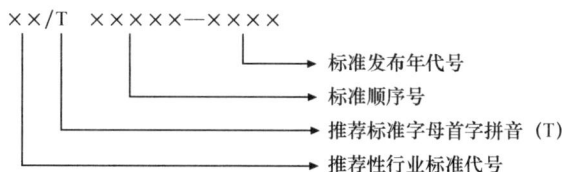

```
××/T   ×××××—××××
                      ┌──→ 标准发布年代号
                    ┌────→ 标准顺序号
                  ┌──────→ 推荐标准字母首字拼音（T）
                ┌────────→ 推荐性行业标准代号
```

3. 地方标准

地方标准是在国家的某个地区一级通过并公开发布的标准。它由该级标准化机构主持制定和审批发布，还须报国务院标准化机构和国务院有关行政主管部门备案。

4. 企业标准

企业标准是由企业制定的产品标准，它是为企业内部需要协调统一的技术要求、管理要求和工作要求所制定的标准。通常由企业法人代表授权的主管领导审批发布，由企业法人代表授权的部门统一管理，在企业范围内适用。

在我国，企业标准通常都是强制性标准。

三、国外标准的分级

我们在这里所说的国外标准不是指某个国家的标准，而是指国际间共同使用的标准。国外标准有两个级别：国际标准和国际区域性标准。

1. 国际标准

国际标准一般是由全球性的国际组织所制定的在世界范围内统一和使用的标准。目前主要是指由国际标准化组织（ISO）、国际电工委员会（IEC）、国际电信联盟（ITU）所制定的标准，以及被国际标准化组织确认并公布的其他国际组织所制定的标准。国际标准是世界各国进行贸易的基本准则和基本要求，为世界各国所承认并在各国间通用。

2. 国际区域性标准

指由一个地理区域的国家集团组成的区域标准组织制定并在本区域内统

一和使用的标准。如欧洲标准化委员会（CEN）、亚洲标准咨询委员会（ASAC）、泛美技术标准委员会（COPANT）所制定的标准。区域标准是该区域国家集团间进行贸易的基本准则和基本要求，在该集团各成员国之间通用。这些国家集团的标准化组织的形成，有的是由于地理上毗邻，如拉丁美洲的泛美标准化委员会（COPANT）；有的是因为政治上和经济上有共同的利益。它的出现既可能对国家标准化产生有益的促进作用，也可能成为影响国际统一协调的消极因素。

四、标准的类别

所谓标准的类别就是根据研究的不同目的，从不同角度观察对象，抓住其某一方面的属性，将研究对象划分为若干群体或集合。研究目的不同，考察对象的角度也不同，划分对象的属性也不同。因而，标准可以按不同的目的和用途从不同的角度进行分类。

1. 根据标准外在形态分

根据标准的外在形态，标准可分为文字图表标准和实物标准。文字图表标准，即用文字或图表对标准化对象做出统一规定，这是标准的基本形式。例如，《色盲检测图》就是测试色盲使用的色谱图表。实物标准（亦称样标），指标准化对象的某些特性难以用文字准确地描述出来时，可制成实物标准。最常见的就是颜色的深浅程度等。

2. 根据贯彻标准的体制分

按照贯彻标准的体制分，也就是我们说的按约束力分，标准可分为强制性标准和推荐性标准。

（1）强制性标准

强制性标准是指：根据普遍性法律规定或法规中的唯一性引用加以强制应用的标准。《中华人民共和国标准化法》第七条中规定："保障人体健康、人身、财产安全的标准和法律、行政法规规定强制执行的标准是强制性标准"。

为使我国标准化工作适应社会主义市场发展的需要，并逐步同国际惯例接轨，进一步规范强制性标准的内容，2000年2月22日原国家质量技术监督局又发布了《关于强制性标准实行条文强制的规定》，它对强制性标准的形式、强制性内容的范围、强制性标准的表述方式和强制性标准的编写方法都有明确的要求。

强制性标准的范围主要是：保障人体健康、人身和设备安全的标准，以及产品的生产、储运和使用中的安全、卫生标准；环境保护、电磁干扰标准；直接关系到安全、卫生的符号、代号等通用技术语言标准；对互换互联有严格要求必须强行统一的接口和互换配合标准；根据有关法律、行政法规或规定强制执行的标准。强制性标准具有法律属性，在一定范围内通过法律、行政法规等强制手段加以实施。省、自治区、直辖市标准化行政主管部门制定的工业产品的安全、卫生要求的地方标准，在本行政区域内是强制性标准。强制性标准一经发布，凡从事科研、生产、经营的单位和个人，都必须严格执行，不符合强制性标准要求的产品，禁止生产、销售和进口。

（2）推荐性标准

除强制性标准范围以外的标准是推荐性标准。推荐性标准是在生产、交换、使用等方面，通过经济手段调节而自愿采用的一类标准，又称自愿性标准或非强制性标准。这类标准，任何单位有权决定是否采用，违反这类标准不构成经济或法律方面的责任。但是，一经接受并采用，或各方商定同意纳入商品、经济合同之中，就成为共同遵守的技术依据，具有法律上的约束性，各方必须严格遵照执行。由于推荐性标准具有采用和执行的灵活性特性，所以它将随着市场经济的发展越来越受到重视。为了促进部分推荐性标准贯彻实施，国家通过经济的、行政的和法律的手段，促使各有关单位执行。比如采取生产许可证制度、质量认证制度、产品质量等级评定、产品质量监督抽查等。

3. 根据标准所规定的内容特征分

按标准所规定的内容特征分，标准可以分为基础标准、产品标准、方法标准、安全标准、卫生标准、环境保护标准和管理标准七类。

（1）基础标准

基础标准是指具有广泛的适用范围或包含一个特定领域的通用条款的标准。基础标准在一定的范围内可以直接应用，也可以作为其他标准的依据和基础，具有普遍的指导意义。

基础标准主要包括以下几类：

①技术通则类：如"电子工业技术标准制修订工作有关规定和要求"、"设计文件编制规则"等。这些技术工作和标准化工作规定是需要全行业共同遵守的。

②通用技术语言类：如制图规则、术语、符号、代号、代码等。这类标准的作用是使技术语言达到统一、准确和简化。

③结构要素和互换互连类：如公差配合、表面质量要求、标准尺寸、螺纹、齿轮模数、标准锥度、接口标准等。这类标准对保证零部件互换性和产品间的互连互通，减化品种，改善加工性能等都具有重要作用。

④参数系列类：如优先数系、尺寸配合系列、产品参数、系列型谱等。这类标准对于合理确定产品品种规格，做到以最少品种满足多方面需要，以及规划产品发展方向，加强各类产品尺寸参数间的协调等具有重要作用。

⑤ 环境适应性、可靠性、安全性类：这类标准对保证产品适应性和工作寿命以及人身和设备安全具有重要作用。

⑥通用方法类：如试验、分析、抽样、统计、计算、测定等各种方法标准。这类标准对各有关方法的优化、严密化和统一化等具有重要作用。

（2）产品标准

产品标准是指规定一个产品或一类产品应满足的要求以确保其适用性的标准。产品标准除了包括适用性的要求外，还可直接地或通过引用间接地包括诸如术语、抽样、测试、包装和标签等方面的要求，有时还可包括工艺要求。它是产品生产、检验、验收、使用、维修和贸易洽谈的技术依据。

（3）方法标准

方法标准是以测量、试验、检查、分析、抽样、统计、计算、设计或操作等方法为对象所制定的标准。一般来说，上述对象可以有各种不同方法，制定方法标准的目的在于使这些方法优化、严密化和统一化，这样在应用这些方法标准时，所得到的结果才有可比性。方法标准中大量的是试验标准，它们常常附有与测试有关的其他条款，诸如抽样、统计方法的应用以及试验步骤等。

（4）安全标准

安全标准是以保护人和物的安全为目的而制定的标准。安全标准有两种形式：一种是独立制定的安全标准，另一种是在产品标准或其他标准中列出有关安全的要求和指标。内容包括：安全标志、安全色、劳动保护、安全规程、安全方面的质量要求、安全器械、试验方法等。

（5）卫生标准

卫生标准是为保护人的健康，对食品、医药及其他方面的卫生要求制定的标准。其范围包括：食品卫生标准、药物卫生标准、放射性卫生标准、劳动卫生标准、环境卫生标准等。

（6）环境保护标准

环境保护标准是为保护人类的发展和维护生态平衡，以围绕着人类的空间及其中可以直接、间接影响人类生产和发展的各种自然因素的总体为对象而制定的标准。

环境保护标准是根据国家的环境政策和有关法令，在综合分析自然环境特征、控制环境污染的技术水平、经济条件和社会要求的基础上，规定环境中污染物的容许量和污染源排放污染物的数量和浓度等的技术要求。

（7）管理标准

管理标准是对标准化领域中需要协调统一的科学管理方法和管理技术所制定的标准。管理标准主要包括技术管理、生产安全管理、质量管理、设备能源管理和劳动组织管理标准等。制定管理标准的目的，是为了保证技术标准的贯彻执行，保证产品质量，提高经济效益，合理地组织、指挥生产和正确处理生产、交换、分配之间的相互关系，使各项管理工作合理化、规范化、制度化和高效化。

管理标准可以按照管理的不同层次和标准适用范围划分为以下几大类：

①管理基础标准：是对一定范围内的管理标准化对象的共性因素所做的统一规定，在一定范围内作为制定其他管理标准的依据和基础，具有普遍的指导意义。

②技术管理标准：是为保证设计、工艺、检验、计量、标准化、资料档案等各项技术工作具有合理的工作秩序、科学的管理方法、最佳的工作效率

而制定的各项管理标准。

　　③生产管理标准：是企业为了正确编制生产计划、合理组织生产、降低物质消耗、增加产品产量、实现安全作业所制定的标准。

　　④质量管理标准：是为使产品质量、工作质量、成本交货期和服务质量达到规定要求，实行质量管理所制定的标准。主要包括：质量管理、质量保证的要求、方法、程序，建立质量体系和管理标准；质量信息管理规定，质量保证及编制方法等标准。

　　4. 根据标准的性质分

　　按标准的性质分，标准可以分为技术标准、管理标准、工作标准和服务标准四大类。

　　（1）技术标准

　　技术标准是对标准化领域中需要协调统一的技术事项所制定的标准。技术标准一般包括基础标准、方法标准、产品标准、工艺标准、工艺设备标准以及安全、卫生、环保标准等。

　　（2）管理标准

　　根据标准的性质，也可以有管理标准。管理标准主要是对管理目标、管理项目、管理程序、管理方法和管理组织所做的规定。按照不同层次和标准的适用范围，管理标准又可分为管理基础标准、技术管理标准、经营管理标准、行政管理标准和生产经营管理标准等五大类标准。

　　（3）工作标准

　　工作标准是对标准化领域中需要协调统一的工作事项所制定的标准。它是对工作范围、构成、程序、要求、效果和检验方法等所做的规定，通常包括工作的范围和目的、工作的组织和构成、工作的程序和措施、工作的监督和质量要求、工作的效果与评价、相关工作的协作关系等。工作标准的对象主要是人。

　　（4）产品标准

　　除了按标准所规定的内容特征可以分出产品标准外，按标准的性质分，也可以分出产品标准。这是规定产品应满足的要求以确保其适用性的标准。产品标准除了包括适用性的要求外，还可直接地或通过引用间接地包括诸如术语、抽样、测试、包装和标签等方面的要求，有时还可包括工艺要求。此外，产品标准根据其规定的是全部的还是部分的必要要求，可区分为完整的标准和非完整的标准。同理，产品标准又可区分为其他不同类别的标准，例如尺寸类标准、材料类标准和交货技术通则类标准。

第三节　标准体系

一、标准体系的含义

所谓标准体系就是一定范围内的标准按其内在联系形成的科学的有机整体。"一定范围"是指标准所覆盖的范围。标准的类型不同，标准体系的范围也不相同。国家标准体系的范围是整个国家；企业标准体系则是企业范围等。"内在联系"是指上下层次联系，即共性与个性的联系和左右之间的联系，即相互统一协调、衔接配套的联系。"科学的有机整体"是指为实现某一特定目的而形成的整体，它不是简单的叠加，而是根据标准的基本要素和内在联系所组成的，具有一定集合程度和水平的整体结构。

标准体系是一定时期内整个国民经济体制、经济结构、科技水平、资源条件、生产社会化程度的综合反映。体现了人们对客观规律的认识，直接反映了人们的意志与愿望，是一个人造系统。

标准体系可以按照不同的范围划分为国家、行业、专业、企业等不同层次的标准体系，还可以按照不同具体对象划分为不同产品的标准体系。

二、标准体系的特点

1. 目的性

目的性是标准体系的一个显著特点。每个标准体系都是围绕着一个特定的标准化目的而形成的。正是标准体系的目的性决定了由哪些标准来构成体系，以及体系的范围大小，还有组成体系的各标准以何种方式发生联系。总之，有怎样的标准化目的，就会有怎样的标准化体系。

2. 整体性

整体性也叫成套性，标准体系是一整套相互联系、相互制约的标准组合而成的有机整体，具有整体性功能。在这个整体中的每一个标准都起着别的标准所不能替代的作用，因而体系中的每个标准都是必不可少的。

例如，一种商品之所以存在，是由于它的技术性、经济性、艺术性、环保性等多方面的特性综合统一，恰好符合社会对该种商品的多样性的需要的结果。因此，这种商品的标准就要包括技术标准、经济标准、安全标准、环保标准等一整套标准，这样才能保证生产出来的商品符合社会的需要。

3. 结构性

标准体系中的标准是按照一定的结构形式结合起来的，最基本的结构形式具有层次性结构和序列性结构。这是标准体系的一个显著特性。

层次性是指标准体系表是由国家标准、专业标准、企业标准等不同层次的标准构成；序列性是指在同一层次标准之间有优先数系之类的数系标准。

4. 动态性

通常，任意一个系统都是随着时间的推移而发展变化的，标准体系也不例外。标准体系是一个不断发展不断变化的体系，随着社会的变化，标准体系也在时时刻刻发展、更新和完善。

如果把存在于时间长河中的标准体系作为一个总系统，那么存在于不同时间阶段的标准体系就是它的分系统。因此，在一定时期内应该制定哪些标准，在国家、地方、行业、企业各个层次应该制定哪些标准，各个层次之间如何协调分配等，都是标准体系中十分重要的问题。这类问题要通过对现有的标准体系的状况分析，通过对科学技术发展的预测，通过对国家技术经济政策的研究，通过对标准体系内在联系与优先顺序的研究来解决。所有这些都是一个动态发展的过程。

5. 协调性

这是指体系表内的标准之间以及体系表内标准与体系表外的相关标准之间必须相互协调一致。标准之间存在着相互连接、相互依存、相互制约的内在联系，因而必须相互协调一致。如产品质量标准与检测标准、工艺标准之间，就是互相依存的，必须达到协调一致。产品技术标准与产品经济标准、安全标准、卫生标准之间，则存在着互相影响互相制约的一面，也必须保持相互之间的协调平衡。只有这样，标准体系才能不断完善，对科学技术的发展起到应有的作用。

三、标准体系表

标准体系表就是一定范围的标准体系内的标准，按照一定形式排列起来的图表。它的组成单元是标准，包括在一定时期内所有的标准，既有现有标准，也有应该修订的标准、重订标准和新订标准。

标准体系表以图表形式反映标准体系的构成和各组成元素（标准）之间的相互关系以及体系的结构全貌，从而使标准体系形象化、具体化。标准体系表是一种技术指导性文件，不仅可以指导标准的制定工作和修订计划，而且还可以指导对现有标准体系的健全和改造。可以说，正是标准体系表使标准体系的组成有重复、混乱走向科学、合理和简化，从而有利于加强对标准化工作本身的管理。

1. 标准体系表的结构

标准体系表的结构是标准体系固有的内在结构的形象表示。同其他体系一样，标准体系的内部结构也是一个空间组织，具有空间组织的特征，即纵向的层次关系和横向的门类关系，同时还具有时间的序列关系。

（1）纵向的层次关系

纵向的层次关系是指整个标准体系分为若干层，位于各层的标准从上到下，标准的共性逐渐减少而个性逐渐增强。通常上一层的标准对下一层的标准有指导和制约作用；而下一层的标准则对上一层的标准是补充和具体化作用。这种层次关系反映了标准化对象之间所存在的共性和个性、抽象与具体、统一与变异的辩证关系，正是不同层次标准互相制约、互相补充，才构成了一个有机整体。

以全国标准体系表为例，全国标准体系表的总结构图包括 3 部分内容，如图 2 - 1 所示。

第一部分：全国通用综合性基础标准体系表。这是全国标准体系表的第

```
┌─────────────────────────────────────────┐
│  全国通用综合性基础标准体系表（第一层标准）  │
└─────────────────────────────────────────┘
                    │
┌─────────────────────────────────────────┐
│  各行业标准体系表（第二层至第五层标准）      │
└─────────────────────────────────────────┘
                    │
┌─────────────────────────────────────────┐
│          地方标准体系表                    │
└─────────────────────────────────────────┘
                    │
┌─────────────────────────────────────────┐
│          企业标准体系表                    │
└─────────────────────────────────────────┘
```

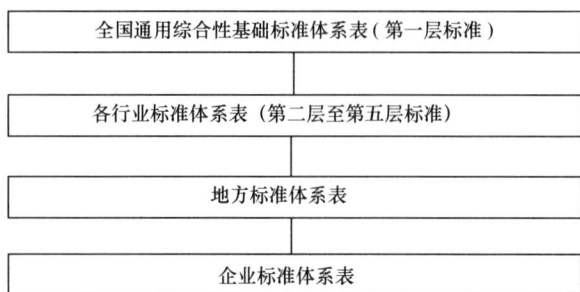

图 2-1　全国标准体系表总结构

一层标准。

第二部分：各行业标准体系表。包括全国标准体系表的第二至第五层。

全国标准体系表第二至第五层标准为：第二层——行业基础标准；第三层——专业基础标准；第四层——门类通用标准；第五层——产品、作业、管理标准。

第三部分：地方标准体系表。

第四部分：企业标准体系表。企业标准体系以技术标准为主体，包括管理标准和工作标准。企业标准体系的组成标准包括企业所贯彻和采用的上级标准和本企业制定的企业标准。所有标准都在上级标准化法规、本企业标准化规定以及本企业的方针目标和各种相关国家法规的指导下形成。

（2）横向的门类关系

在上述标准体系表中位于同一层次上的标准，又按照它们所反映的标准化对象的属性分成若干门类，位于同一层次的各门类之间的标准，其关系不是指导和遵从、共性和个性的关系，而是相互联系、相互影响、相互协调的关系。各门类的标准彼此都向对方提出一定的要求，且又以一定的方式各自满足对方的要求，从而达到各门类标准之间的协调。

例如，在水利技术标准体系中，横向的门类的标准如图 2-2 所示。

（3）时间上序列关系

时间上的序列关系有两种，一种是反映标准化对象在其运动过程中本身所固有的先后顺序关系，另一种是由标准的相互制约关系所决定的制定标准的时间先后关系。

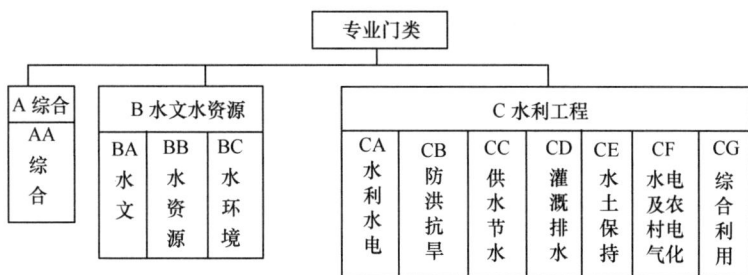

图2-2 水利技术标准体系专业门类标准示意

仍以水利技术标准体系表为例，其序列关系如图2-3所示。

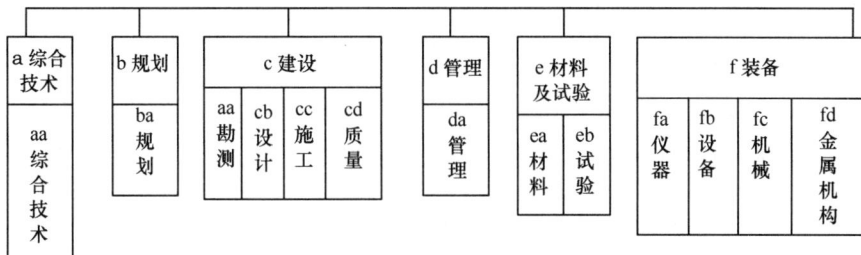

图2-3 水利技术标准体系表标准序列

2. 标准体系表的作用

①描绘出标准化活动的发展蓝图，明确努力方向和工作重点。

②系统了解国际、国外标准，为采用国际标准和国外先进标准提供了全面情报。

③指导标准制、修订计划的编制。由于标准体系表反映了全局，找到了与国际、国外的差距和自己体系中的空白，因而可以抓住主攻方向，安排好轻重缓急，避免计划的盲目性和重复劳动，节省人力、物力、财力，加快标准的制定速度。

④改造和健全现有的标准体系，使体系构成达到系统化、规范化、科学化。

⑤有助于生产科研工作。标准体系表不但列出了现有标准，而且还有今后要发展的标准和相应的国际、国外先进标准，这对生产科研人员利用国际、国外先进标准试制新产品极为有利。

⑥有利于企业标准化的建设。

3. 标准体系表的编制

（1）编制原则

标准体系表的编制原则可以简单地用 12 个字来概括：全面分配、层次恰当、划分准确。

所谓全面分配就是按照标准体系的总功能和总目的，将所有的有关标准全部列入标准体系表，包括已有标准和待定标准，也包括从别的标准体系中移过来的标准。

层次恰当就是将共性大的标准安排在较上的层次，将共性较小的标准安排在较低的层次。也就是说标准所处的层次应同其共性大小相适应。

划分准确就是说位于同一层次上的标准应按照标准的功能或按照经济活动的同一性来划分门类，而不是按照行政系统来划分门类，还应避免反映同一标准化对象的标准划在几个不同的门类里。

（2）编制步骤

在制定标准体系表时，通常遵循以下几个步骤：调查分析、确定总体结构图、编制完整的标准体系表、编写标准体系表编制说明书、审批实施。

在调查分析时需要对体系表所反映的相应标准化对象系统进行调查分析，了解系统的目的，熟悉系统内的要素、环节、过程及相互关系，了解体系内已有标准的情况和完善程度。在此基础上就可以确定体系表的结构形式，并绘出总体结构图，这是体系表的框架，反映了体系内标准的分类、层次安排和门类划分。之后依据体系表总体框架图确定的标准分类、层次安排和结构形式，绘制出各分体系表。同时编写出恰当的编制说明书，最后应广泛征求意见，然后组织专门会议评论、审查、修改、补充，在此基础上整理出报批稿，报主管部门审批、发布。

第三章　标准化原理

标准化作为一门科学，毫无疑问应该有它自己的理论，标准化活动是人们的一种社会实践，而且是有组织、有目的的实践。那么，伴随着这种实践的总结便是理论的提炼。否则，标准化实践既不可能取得成功，更不可能上升到它的高级阶段。

近百年来，世界各国际标准化专家、学者一直致力于标准化原理等基础理论的研究，也发表了一些著作。越来越多的标准化工作者，对进行标准化原理的研究表现出极大的兴趣和特别的关注，世界上很多学者在对标准化的起源、发展历史及标准化实践的深入研究的基础上，提出了对标准化原理的各种见解和论述。

第一节　国内外标准化原理概述

一、国外标准化原理概述

国际标准化组织（ISO）于1952年成立了标准化原理研究常设委员会（STACO），它的首要职责是在标准原理、方法和技术方面充当ISO理事会的顾问，在考虑标准化经济问题的同时，使ISO的标准化活动取得最佳效果，这对标准化理论的研究工作起了相当大的推动作用。尔后，一些国家也设立了相应的机构，如日本在1958年设立了标准化原理委员会（JSA/STACO），开展了标准实施状况的调查以及标准化经济效果的计算方法和标准化术语的研究。次年，日本的官城精吉提出了标准化的两个基本原理（经济性的基本原理和对策规则的基本原理）和一系列分原理。原苏联标准化学者在标准化理论研究上做了不少工作，1989 年决定在莫斯科仪表学院等高、中等院校设立标准计量和产品质量管理专业。为了对国外标准化原理有全面了解，我们分别对比较著名的标准化原理进行简单的介绍。

1. 桑德斯七原理

英国标准化专家桑德斯（T. R. B. Sanders）认真总结了标准化活动过程，即制订—实施—修订—再实施标准过程的实践经验，从标准化的目的、作用和方法上提炼出七项原理，并阐明标准化的本质就是有意识地努力达到简化，以减少目前和预防以后的复杂性。1972 年国际标准化组织出版了桑德斯所著的《标准化的目的与原理》一书，标准化的七原理首次与大众见面，详见如下。

（原理1）

从本质上来说，标准化是社会有意识地努力达到简化的行为。

标准化不仅是为了减少当前的复杂性，而且也是为了预防将来产生不必要的复杂性。

（原理2）

标准化不仅是经济活动，也是社会活动，应该通过所有相关者的互相协作来推动。标准的制定必须建立在全体协商一致的基础上。

（原理3）

出版了标准，如果不实施，就没有任何价值。在实施标准时，为了多数利益而牺牲少数利益的情况是常有的。

（原理4）

在制定标准时，最基本的活动是选择以及将其固定。因此，要慎重地从中选择对象和时机。而且，标准应该在某一时期内固定不变，以利实施。如果朝令夕改，只会造成混乱而毫无益处。

（原理5）

标准在规定的时间内复审，必要时，还应进行修订。

（原理6）

制定产品标准时，必须对有关的性能规定出能测定或能测量的数值。必要时，还应规定明确的试验方法和必要的试验装置。需要抽样时，应规定抽样方法，样本大小和抽样次数等。

（原理7）

标准是否以法律形式强制实施，应根据标准的性质，社会工业化程度，现行法律和客观情况等慎重地加以考虑。

2. 松浦四郎的十九项原则

日本政法大学教授松浦四郎从1961年担任ISO/STACO和日本规格协会标准化原理委员会（JSA/STACO）成员开始，就研究标准化理论，先后发表了《工业标准化理论》、《简化的经济效果》与《产品标准化》等著作和文章，是"巧妙地尝试了用数学方法解决品种简化及其经济效果问题的标准化专家"。

松浦四郎在1972年出版的《工业标准化原理》一书中，全年系统地研究和阐述了标准化活动过程的基本规律，提出了十九项原则。

①标准化本质上是一种简化，是社会自觉努力的结果。

②简化是减少某些事物的数量。

③标准化不仅能简化目前的复杂性，而且还能预防将来产生不必要的复杂性。

④标准化是一项社会活动，各有关方面应相互协作来推动它。

⑤当简化有效果时，它就是最好的。

⑥标准化活动是克服过去形成的社会习惯的一种活动。

⑦必须根据各种不同观点仔细地选定标准化主题和内容，优先顺序应从具体情况出发来考虑。

⑧对"全面经济"的含意，由于立场的不同会有不同的看法。

⑨必须从长远观点来评价全面经济。

⑩当生产者的经济和消费者的经济彼此冲突时，应该优先照顾后者，简单的理由是生产商品的目的在于消费或使用。

⑪使用简明最重要一条是"互换性"。

⑫互换性不仅适用于物质的东西，而且也适用于抽象概念或思想。

⑬制定标准的活动基本上就是选择然后保持固定。

⑭标准必须定期评论，必要时修订，修订时间间隔多长，将视具体情况而定。

⑮制定标准的方法，应以全体一致同意为基础。

⑯标准采取法律强制实施的必要性，必须参照标准的性质和社会工业化的水平审慎考虑。

⑰对于有关人身安全和健康的标准，法律强制实施通常是必要的。

⑱用精确的数值定量评价经济效果，仅仅对于使用范围狭窄的具体产品才有可能。

⑲在拟标准化的许多项目中确定优先顺序，实际上是评价的第一步。

此外，法国的 C·雷诺通过对气球绳索规格简化的研究，提出了优先数系理论，艾·卡柯特 1939 年在研究产品品种简化与降低产品成本的关系上提出了卡柯特法则（即卡柯特公式），波兰的约·沃基次基提出了标准化三维空间，英国的西尔伯斯敦（A·Silberston）和马克西（G·maxcy）通过对汽车产量与成本关系的研究，于 1969 年提出了西尔伯斯敦曲线，美国的 J·盖拉德 1934 年对标准化的定义曾在较长时期内被各国作为经典引用，1947 年编著的标准化培训教材曾在较长时间内作为美国一些大学的标准化教材，印度的魏尔曼首次系统地论述了标准化是一门新学科，前苏联的特卡钦科等合著了《标准化对象参数最佳化系统》（1972 年版）。他们都对标准化的理论建设作出了巨大的贡献。

二、国内标准化原理概述

我国标准化工作者对标准化原理的研究和探讨，已有数十年历史，虽然起步较晚，但也有中国的特色和特点，其中有代表性的人物和论点有下列五个。

1. 陈文详的《标准化原理与方法》

陈文详于 20 世纪 50 年代就从事机械部标准化管理工作，是我国机械行业著名的标准化专家，20 世纪 80 年代在为西安交通大学标准化双学士班授课时，依据自己数十年的实践和研究成果，编写了《标准化原理与方法》教材。他在该教材中，从重复利用效应、经验积累规律与熵增加原理相结合角度论述了简化原理是标准化的基本原理，同时提出标准化管理中应实施优化原则（包括功能结构优化和参数系列优化）、动态原则、超前原则、系统原则、反馈原则以及宏观控制和微观自由结合原则。

2. 王征的五项原理

中国标准化综合所研究员王征在 1981 年发表的《标准化基础概论》一书中提出了五项标准化基本原理。

（1）统一原理

（2）简化原理

（3）互换性原理

（4）协调原理

（5）阶梯原理

上述五项原理中，他认为统一原理是标准化原理的核心和本质，其他原理都是统一原理的具体形式，而"统一"是科学合理的统一，也就是一定范围、一定程度、一定级别、一定水平、一定时间和一定的多数的统一。

3. 常捷的"八字"原理

中国人民大学工业经济系常捷教授在 1982 年提出了标准化的"八字"原理。

（1）统一

对具体有等效功能的标准化对象（物质的、文字的），或其技术要素（如尺寸、参数）进行合理归并，使之达到通用互换或成为共同遵循的依据。

（2）简化

保证在一定时期内适应需要的前提下，合理减少品种、型号、规格，并使之形成系列。

（3）协调

在一定时间和空间内，使标准化对象内外相关因素达到平衡和相对稳定的原理。

（4）选优

根据标准化目的，评价和求解标准目标的最优解答。

同时常捷认为：统一是目标，协调是基础，简化选优是统一、协调的原则和依据。

4. 李春田的标准系统管理原则

李春田是我国著名的标准化专家，1982 年主编《标准化概论》时，对我国标准化理论研究成果加以总结和归纳，提出"简化"、"统一"、"协调"、"最优化"四项原理，并对每一个项原理的含义、产生的客观基础、原理的应用以及四项原理之间的关系作了全面的论述。1987 年 4 月在《标准化概论》（修订本）以及 1995 年 11 月出版的《标准化概论》（第三版）中提出了四项标准系统的管理原则。

（1）系统效应原理

标准系统的效应，不是直接地从每个标准本身而是从组成该系统的标准集合中得到的，并且这个效益超过了标准个体效应的总和。同样，标准化系统的效应也是从企业标准体系、企业标准化组织体系与标准实施考核体系的最佳综合中获得的。

（2）结构优化原理

标准系统要素的阶层秩序、时间序列、数量比例及相互关系依系统目标的要求合理组合并使之稳定，才能产生较好的系统效应。

（3）有序发展原理

标准系统只有及时淘汰其中落后的、低功能的和无用的要素（减少系统的熵）或补充对系统进行有激发力的新要素（增加负熵），才能使系统从较低有序状态向较高的有序状态转化。

（4）反馈控制原理

标准系统演化、发展以及保护结构稳定性和环境适应性的内在机制是反馈控制，系统发展的状态取决于系统的适应性和对系统的控制能力。

此外，郎志正（北京理工大学教授）在其主编的《标准化工程学》中提出了标准化的五项指导原则，即效益原则、系统原则、动态原则、优化原则和协商原则。

张锡纯主编的《标准化系统工程》提出了标准化活动中的四项基本工作原理，即有序化原理、统一协调原理、系统优化原理和反馈控制原理。

叶柏林长期研究标准化经济效果问题，1984 年发表了《标准化经济效果基础》。

总之，标准化实践是标准化理论的源泉。随着标准化实践的深化和发展，人类对标准化活动规律的认识也必将逐步深入和发展。因而新的更完善的原理，必将取代旧的行将过时的原理，正如恩格斯所说："我们只能在我们时代的条件下认识事物，而且这种条件达到什么程度，我们便认识到什么程度"，对标准化原理的认识也是在一个无限渐进的过程中。

第二节　标准化的基本原则

原理是带有普遍性的、最基本的、可以作为其他规律基础的规律，并且具有普遍意义的道理。原则是说话或行事所依据的法则或标准。但在英文中，原理和原则却是同一个词"principle"。因此，标准化原则或标准化原理都是揭示标准化活动或标准化工作过程中一些最基本的客观规律，以作为标准化工作者在开展标准化工作时遵循的规则。

根据国内外标准化专家、学者的研究成果和我国标准化活动的实践经验，我们将标准化活动的基本原则总结如下。

一、超前预防原则

超前预防原则是指标准化的对象不仅要在依存主体的实际问题中选取，而且更应从潜在问题中选取，以避免该对象非标准化后造成的损失。

这个原则告诉我们：现代标准化不能如同传统标准化那样，仅使已发生多样化的问题实行标准化（简化）。现代科学技术的高速发展，往往会使这样的简化付出相当大的代价，因此，对潜在问题实行超前标准化，就会有效地预防其多样化和复杂性化，如对超导技术的标准就是成功的范例。

二、系统优化原则

系统优化原则是指标准化的对象应该优先考虑其所依存主体系统能获得最佳效益的问题。

这个原则告诉我们：第一，标准化对象应在能获取效益的问题（或项目）中确定，没有标准化效益的问题（或项目），不必去实行标准化。第二，在能获取标准化效益的问题中，首先应考虑能获取最大效益的问题。第三，在考虑标准化效益时，不只是考虑对象自身的局部标准化效益，而是考虑对象所在依存主体系统即全局的最佳效益。

三、协商一致原则

协商一致原则是指标准化的成果应建立在相关各方协商一致的基础上。

这个原则告诉我们：标准化活动的成果（即标准）要让大家公认而接受，去执行，就必须让与标准相关的各个方面充分协商一致，取得共识。这样既可以使标准制定得科学合理，具有广泛的基础而且又可以为标准的顺利、有效地实施创造了前提条件。

四、统一有度原则

统一有度原则是指在一定范围、一定时期和一定条件下，对标准化对象的特性和特征应作出统一规定，以实现标准化的目的。统一有度原则是标准化的本质与核心，它使标准化对象的形式、功能及其他技术特征具有一致性。

这个原则告诉我们：第一，等效是统一的前提条件，只有统一后的标准与被统一的对象具有功能上的等效性，才能代替。第二，统一要先进、科学、合理，也就是要有度。具体地说：统一是有一定范围或层级的，由此，确定标准是制定为国家标准，还是企业标准。统一是在一定水平上的，由此，决定标准的先进性即技术指标的高低。统一又是有一定量度的，为此，有的标准要规定统一的量值，如全国运行铁路的轨距要统一为 1 435mm，民用电的电压和频率要统一到 220V，50Hz。有的要统一规定量值的上限（如食品中有害物质含量）、下限（如食品中营养成分含量），更多的是规定上下允差值（如某一机器零件的几何尺寸标准）。此外，统一还可以体现在一定的理想系数上，如服装号的型号尺寸系列可满足大多数人的着装需要。

五、动变有序原则

标准应依据其所处环境的变化而按规定的程序适时修订，才能保证标准的先进性和适用性。标准是一定时期内依存主体技术或管理水平的反映，随着时间变化，必然导致标准使用环境的变化，因此必须适时修订标准。

这个原则告诉我们：第一，标准不应该是永恒不变的，应该随着依存主体的发展变化而及时进行修订，以适应其发展需要，否则就会滞后而丧失其生命力。第二，标准的修订是有规定程序的，要按规定的时间，规定的程序进行修订和批准，如果朝令夕改，任意变动，那就势必会造成混乱，犹如光标一样。

六、互换兼容原则

标准应尽可能使不同的产品、过程或服务实现互换和兼容，以扩大标准化效益。

互换性是一种产品、过程或服务能代替另一产品，过程或服务满足同样需要的能力，它一般包括功能互换性和尺寸互换性。

兼容性是指不同产品、过程或服务在规定条件下一起使用，能满足有关要求而不会引起不可接受的干扰的适宜性。

18 世纪的美国人杰特尼运用这一原则，大批量地生产了来福枪，今天的建筑工人运用这一原则快速建造了积木式的高大建筑群，集装箱尺寸系列标准的实施使汽车、船舶等运载设备充分发挥了效用，也是这一原则的应用效果。

七、阶梯发展原则

标准化活动过程是阶梯状的上升发展过程。

这个原则告诉我们：标准化活动过程是从标准的制订—实施（相对稳定一个时期）— 修订（提高）— 再实施（相对稳定）— 再修订（提高）的过程，是呈阶梯状的发展过程。每次修订标准就把标准水平提高一步，就象走楼梯一样，一阶一阶地登高，它形象地反映了标准化必须伴随其依存主体、技术或管理水平的提高而提高，至于阶梯的幅度即标准的实施时间（又称为标龄），一般应看依存主体的技术或经济发展要求及标准的层级等具体情况而定，目前。国际标准和国家标准的标龄一般为五年，企业标准为 1～3 年左右。

八、滞阻即废原则

当标准制约或阻碍依存主体的发展时，应立即废止。

任何标准都有两重性，它既可促进依存主体的顺利发展而获取标准化效益，也可制约或阻碍依存主体的发展，而带来负效应，因此我们对标准要定时复审，确认其是否适用，如不适用，则应根据其制约或阻碍依存主体的程度、范围等情况决定。

①更改：即改动，增加或删除标准文件中那些不适用部分的内容条文，一般以发布标准更改通知单形式表述。

②修订：即对标准文件的不适用内容作较大的修改，一般要重新批准，发布，更新发布年份。

③废止：即公布标准文件作废，停止实施，这一般是指标准依存主体已发生根本变化，原标准已无效用或已有新标准代替的情况。

第三节　标准化的形式

标准化的形式是标准化内容的表现方式，是标准化过程的表现形态，也是标准化的方法。标准化有多种形式，每种形式都表现不同的标准化内容，针对不同的标准化任务，达到不同的目的。

标准化的形式是由标准化的内容决定的，并随着标准化内容的发展而变化。但标准化的形式有其相对的独立性和自身的继承性，并反作用于内容，影响内容。标准化过程是标准化的内容和形式的辩证统一过程。

研究各种标准化形式及其特点，不仅便于在实际工作中根据不同的标准化任务，选择和运用适宜的标准化形式，达到标准化的目标，而且能够根据标准化工程的发展和客观的需要，及时地创立新形式取代旧形式，为标准化工程的进一步发展开辟道路。

标准化的形式主要有简化、系列化、组合化、综合标准化、超前标准化等，这里分别介绍。

一、简化

简化原理就是为了经济有效地满足需要，对标准化对象的结构、形式、规格或其他性能进行筛选提炼，剔除其中多余的、低效能的、可替换的环节，精炼并确定出能满足全面需要所必需的高效能的环节，保持整体构成精简合理，使之功能效率最高。简化原理要点是：简化的目的是为了经济，使之更有效地满足需要。

简化的基本方法是对处于自然存在状态的对象进行科学的筛选提炼，剔除其中多余的、低效能的、可替换的环节，精炼出高效能的、能满足全面需要所必需的环节。简化的实质不是简单化而是精炼化，其结果不是以少替多，而是以少胜多。简化就是在一定范围内缩减对象（事物）的类型数目，使之在一定时间内足以满足一般需要的标准化形式和方法。

这就是说，简化一般是事后进行的，也就是事物的多样化已经发展到一定规模以后，才对事物的类型数目加以缩减。当然，这种缩减是有条件的，那就是简化的结果应能保证满足社会的一般需要。

然而简化并不是消极的，"治乱"措施，它"不仅能简化目前的复杂性，而且还能预防将来产生不必要的复杂性"（松浦原理3），通过简化确立的品种构成，不仅对当前的生产有指导意义。而且在一定时期一定范围内能预防和控制不必要复杂性的发生。

1. 简化的客观需要

事物的多样化是发展的普遍形式，在生产领域里，由于科学、技术、竞争和需求的发展，使产品的种类急剧增多。这种产品（或商品）越来越多样化的趋势，是社会生产力发展的表现，一般来说是符合人们愿望的。但是，在商品经济社会里，这种多样化的发展趋势，不可避免地带有不同程度的盲目性。如果不加控制任其发展，那就有可能出现一些多余的、无用的和低功能的产品品种。这些产品的大量存在，既违背了生产的批量原则，不利于生产的进一步发展，造成社会生产力的浪费，也不利于更好地满足社会需求。对这些产品除了通过竞争加以淘汰（这要以相当大的经济损失和资源浪费为代价）之外，简化便是人类对产品的类型进行有目的控制的一种有效形式。世界上每一个国家，在工业化过程中都把简化做为克服和防止产品盲目多样化的一种手段，并且至今仍然如此。

简化的直接目的是控制对产品的品种、规格的盲目膨胀，通过简化，消除低功能的和不必要的种类，使产品构成更加精炼、合理，这就为新的更必要的类型的出现，为多样化的合理发展扫清障碍。要使人民的生活更好地得到满足，社会产品更加丰富多彩，也必须运用简化的手段使生产更加合理化，从而为社会所需要的多样化得以实现创造条件。

商品生产和竞争是产生多样化的重要原因，只要商品生产还存在，竞争还存在，社会产品的类型就有盲目膨胀的可能，简化这种自我调节、自我控制的标准化形式就是必不可少的。

2. 简化的原则与要求

简化的原则是从全面满足需要出发，保持整体构成精简合理，使之功能效率最高。所谓功能效率是指功能满足全面需要的能力；简化不是对客观事物进行任意的缩减，更不能认为只要把对象的类型数目加以缩减就会产生效果，简化的实质也是对客观事物的构成加以调整并使之最优化的一种有目的的标准化活动。因此，必须遵循标准化原理和一定的要求。

这些原则和要求如下：

①对客观事物进行简化时，既要对不必要的多样化加以压缩，又要防止过分压缩。因此，简化方案必须经过比较、论证，并以简化后事物的总体功能是否最佳做为衡量简化是否合理的标准。

②对简化方案的论证应以确定的时间、空间范围为前提。在时间范围里，既要考虑到当前的情况，也要考虑到今后工作一定时期的发展要求，以保证标准化成果的生命力和相对稳定性，对简化所涉及的空间范围以及简化后标准发生作用的空间范围都必须做较为准确的计算或估计，切实贯彻全局利益原则。

③简化的结果必须保证在既定的时间内足以满足一般需要，不能因简化而损害用户和消费者的利益。

④对产品的简化要形成系列，其参数组合应尽量符合标准数值分级制度。

简化的应用领域十分广阔，就产品的生产过程来说，从构成产品系列的品种、规格，原材料的品种，规格工艺装备的种类，零部件的品种规格，直到构成零件的结构要素都可作为简化的对象。至于管理业务活动中可以作为简化对象的事物也很多。简化所需要的投资较少，而收效很显著，所以开展比较普遍，是标准化活动中最常见的形式和最常用的方法。

二、系列化

系列化是对同一类产品中的一组产品同时进行标准化的一种形式。

系列化，是标准化的高级形式，它通过对同一类产品发展规律的分析研究，国内外产品发展趋势的预测，结合我国的生产技术条件，经过全面的技术经济比较，将产品的主要参数、形式、尺寸、基本结构等作出合理的规划，确定先进、适用的产品系列，以协调同类产品和配套产品之间的关系。

产品的系列化，一般可分为：制定产品的参数系列、编制系列型谱和开展系列设计等三方面内容。

1. 制定产品参数系列标准

（1）制定产品参数系列的意义和作用

表示产品特性的数值为产品参数，产品参数是产品性能或技术特征的标志，是选择或确定产品使用范围、规格尺寸的基本依据。

产品参数按其特性可分为工况参数与几何尺寸参数两种。工况参数指表征产品的工作状况或性能特征的参数，如载荷、功率、容量、转速、压力等。几何尺寸参数指表征产品的重要几何尺寸的参数。在一个产品的若干参数中，表示产品重要性能特性的参数称为主参数。如电动机的功率，起重机的起重量，车床的最大加工直径和长度等。

产品的工况参数与几何尺寸参数之间、主参数与其他参数之间，一般都存在某种内在联系。通过理论推算或试验统计，可以发现这种联系的规律性，有的还可以用某种函数关系来表示，这对实现产品的相似设计（通过设计少数典型产品，然后按相似关系设计出整个系列的产品）有重要意义。

如产品的参数中某一系数按一定的数值分级制排列，则称为产品参数系列，它是指导企业发展品种，指导用户选用商品的基本依据。

产品参数系列确定的是否合理，不仅直接关系到该产品与相关产品之间的配套协调，而且在很大程度上影响企业的生产经济效果乃至国民经济效果。

产品参数系列化是产品系列化的首要环节，也是编制系列型谱进行系列设计的基础。

（2）制订产品参数系列的步骤和方法

首先选择主参数和基本参数，选择主参数的原则有以下几条。① 主参数应能反应产品的基本特性（如电动机功率）；② 应是产品中最稳定的参数（如车床床身上工件回转直径）；③ 应从方便使用出发优先选性能参数，其次选机构参数；④ 主参数的数目一般只选一个，最多也只能选两个。

基本参数是能反映产品主要性能和基本结构的参数。由于不同种类的产品其技术参数的内容是很不同的，必须具体分析。

其次是确定主参数和基本参数的上、下限。确定上、下限，就是确定参数系列的最大、最小值。这个数值范围的确定，一般要经过对国内外的用户近期和长远的需要情况、该产品的生产情况、质量水平以及同类产品的生产和使用情况作周密地分析后才能确定。

最后是确定参数系列。主要是确定在上、下限之间的参数如何分档、分级，整个系列安排多少档，档与档之间选用怎样的公比等。完成这项任务除了必须进行的调查，然后运用统计资料进行技术经济比较，从中选择最优方案。

2. 编制产品系列型谱

（1）编制系列型谱的意义

社会对产品的需要是多方面的，只对参数分级分档，划分不同的型式，有时还是不能满足不同的要求，如有的要求同一规格的产品有不同的型式，以满足不同的特殊要求。解决这个问题是系列型谱的任务。所谓系列型谱就是依据对国内外同类产品生产状况的分析，对基本系数系列所限定的产品进行型式规划，把基型产品与变型产品的关系以及品种发展的趋势，用简明的图表反映出来，形成一个简明的产品品种系数表。

（2）系列型谱的作用

系列型谱的作用主要有四个方面。

第一，它是指导产品发展方向、制订产品和技术发展规划的重要依据。

第二，可以根据型谱所确定的产品品种，合理安排产品的发展计划和同类产品企业间的生产分工，充分发挥系列产品的通用性强的优越性，提高生产专业化水平。

第三，可以防止各企业盲目的设计落后的没有发展前途的品种，避免不同企业同时平行设计同一型式的产品。

第四，型谱既可迅速地发展新品种（利用基型发展变型）满足社会多种多样的要求，又可限制整个社会产品品种杂乱，使产品走向系列化的轨道。

3. 产品的系列设计

系列设计是以基型为基础，对整个系列产品所进行的技术设计或施工设计。

（1）系列设计的方法

系列设计的方法有以下四个方面。

第一，首先在系列内选择基型，基型应该是系列内最有代表性，规格适中，用量较大，生产较普遍，结构较先进，经过长期生产和使用考验，结构和性能都比较可靠，又很有发展前途的型号。

第二，在充分考虑系列内产品之间以及与变型产品之间的通用化的基础上，对基型产品进行技术设计或施工设计。

第三，向横的方向扩展。设计全系列的各种规格时要充分利用结构典型化和零部件的通用化等方法，扩大通用化程度，或者对系列内的产品的主要零部件确定几种结构型式（叫做基础零部件），在具体设计时，从这些基础件中选择合适的。

第四，向纵的方向扩展。设计变型系列或变型产品，变型与基型最大限度地通用，尽量做到只增加少数专用即可发展一个变型产品或变型系列。

（2）系列设计的作用

系列设计是最有效的统一化，也是最广泛的选择定型工作。它能有效地防止全国范围内同类产品型式、规格的杂乱。

系列设计可以最大程度地发挥同行业的设计优势，防止各企业平行设计同类产品却又互不统一的不合理的现象，做到最大程度地节约设计力量，还可防止个别企业盲目设计落后产品。

系列设计的产品，基础件通用性好，它能根据市场的动向和消费者的特殊要求，采用发展变型产品的经济合理的办法，机动灵活地发展新品种，既能及时满足市场的要求，又可保持企业生产组织的稳定。

系列设计不是简单的选型定型，而是选中有创、选创结合。经过系列设计定型的产品，一般都有显著改进，所以它也是推广新技术，促进产品更新的一个手段。

三、组合化

组合化是按照标准化的原则，设计并制造出一系列通用性较强的单元，根据需要拼合成不同用途的物品的一种标准化的形式。组合化是受积木式玩具的启发而发展起来的，所以也有人称它为"积木化"和"模块化"。组合化的特征是通过统一化的单元组合为物体，这个物体又能重新拆装，组成新结构的物体，而统一化单元则可以多次重复利用。

建筑用砖，从"组合化"角度来看是最原始的组合件，活字印刷术是组合化的典型创造。文字和数字符号也是表达语言和数量的组合单元。音乐中乐谱是选择最佳音响的组合式系统等。可见，组合化很早就被人们用来作为生产建设和生活交往的科学手段。

1. 组合化的理论基础

组合化是建立在系统的分解与组合的理论基础上。把一个具有某种功能的产品看做是一个系统，这个系统又是可以分解的，可以分解为若干功能单元。由于某些功能单元，不仅具备特定的功能，而且与其他系统的某些功能单元可以通用、互换，于是这类功能单元，便可分离出来，以标准单元或通用单元的形式独立存在，这就是分解。为了满足一定的要求，把若干个事先准备的标准单元、通用单元和个别的专用单元按照新系统的要求有机地结合起来，组成一个具有新功能的新系统，这就是组合。组合化的过程，既包括分解也包括组合，是分解与组合的统一。

组合化又是建立在统一化成果多次重复利用的基础上。组合化的优越性和它的效益均取决于组合单元或零部件来构成物品的一种标准化形式。通过改变这些单元的联接方法和空间组合，使之适用于各种变化了的条件和要求，创造出具有新功能的物品。

2. 组合化的主要内容

在产品设计、生产过程中以及产品的使用过程中都可以运用组合化的方法。组合化的内容主要是设计标准单元和通用单元，这些单元又可称作"组合元"。

确定组合元的程序大体是：先确定其应用范围，然后划分组合元，编排组合型谱（由一定数量的组合元组成产品的各种可能形式），检验组合元是否能完成各种预定的组合，最后设计组合元件并制订相应的标准。除确定必要的结构型式和尺寸规格系列化，拼接配合的统一化和组合单元的互换性是组合化的关键。

此外，就是预先制造并储存一定数量的标准组合元，根据需要组装成不同用途的物品。例如，机械加工过程中使用的组合夹具，常具有比较复杂的结构，可以看作是具有某种功能的系统，但这类系统不管它如何复杂，都是可以分解的，都是由具备某些特定功能的零部件所组成的，整个系统的功能经过分解，对工件起支承、定位、导向、压缩等作用。由此，便可将夹具的元件划分为基础件、支承件、定位件、导向件、压紧件、紧固件等类型，每一类元件根据其作用和使用范围，又可设计成几种结构型式，每种结构型式的元件又可形成不同的尺寸规格系列，并按一定的编号原则编号。这些统一化的夹具单元成批制造，分类保存，反复使用。

3. 组合化在产品设计上的应用——组合设计系统

（1）什么是组合设计系统

组合设计系统是在设计新产品或新零件时，不将其全部组成部分和零件都重新设计，而是根据功能要求，尽量从贮存的标准件、通用件和其他可继承的结构和功能单元中选择。既使重新设计的零件，也要尽量选用标准的结构要素，实现原有技术和新技术的反复组合，扩大标准化成果的重复作用。这是一种把组合化的原则运用于产品设计，能够适应市场竞争，经济地生产各种类型产品的新型设计系统。

（2）应用组合设计系统的条件

组合设计系统，不仅仅是一种新的设计思想，而且是一个高效能的设计系统。建立这样的系统应具备一定的条件。

首先是建立情报输入系统。这是组合设计系统的输入子系统。通过它将用户对产品的要求以及市场动态，标准的规定等信息输入给组合设计系统，作为组合设计的目标和依据。

其次是建立技术存贮系统。这也是组合设计系统的重要子系统。由它存贮标准件、通用件、典型结构，通用单元和老产品上较成熟的零部件以及常用的外购件等供设计时选用。

再次是制订一系列设计标准，作为设计新单元、新结构或新零件的准则。

最后设计审查评价系统。新设计的结构和零件都要经过审查，看其是否满足功能要求，然后决定取舍。

（3）组合设计系统的工作程序

首先，输入产品的有关情报，主要是用户和消费者的要求和产品的应用范围，并对用户与消费者的功能要求进行分解，通常是用族树分析的方法进行功能展开，根据产品的应用范围选定产品的品种类型，提出明确的设计要求，确定产品结构和对每一功能单元（零部件）的性能要求并据以确定其结构型式。这是组合设计的准备阶段。

其次，一方面从存贮子系统中检索、选择符合要求的单元（零部件或典型结构）；一方面对必须重新设计的新单元按标准化的要求进行设计，然后将两部分加以组合，这是产品组合设计图纸产生的过程。

最后，通过审查评价系统对图纸和其他技术情报进行审查、批准。

运用这种设计方法，能根据市场动向和顾客的要求及时改变产品性能、产品结构甚至产品品种。新设计的产品在一定范围内能适应未来的发展。产品的试制和生产周期显著缩短，能迅速投放市场。接受小批量定货，而无须经常改变生产流程和改造设备。这就有可能使企业取得技术上，经济上的优势，获得经营上的活力和对市场的应变能力。

4. 组合化应用领域的扩展及其作用

组合化的原则和方法已广泛应用于机械产品，仪表产品的设计和制造，工艺装备的设计、制造和使用，家具的设计和制造，在建筑业也广泛采用组合式建筑结构，在所有这些领域里，组合化都显示出明显的优势性。此外，对编码系统和计算机程序之类的软件，也同样可以应用组合化，使之更合理。

组合化在标准化工作中具有非常重要的作用。

第一，组合化能依据对功能结构的分解而确定的单元以较少的种类和规格组合成较多的制品，它能有效地控制零部件（功能单元或结构单元）的多样化，从而取得生产的经济性。

第二，组合化开创了适应多种组装条件的可能性，从而为实现既满足多种要求又尽量少增加新的产品型号这样理想的生产方式奠定了基础。

第三，按系列化原则设计的单元以及单元的分类系统为实行成组加工打下基础，批量较大的标准单元还可组织专业化集中生产。

第四，由于通过组合化能更充分地满足消费者的要求，用户能及时地更换老产品（如设备更新），同样会给消费者带来经济效益。

第五，在基础件（单元）统一化、通用化的条件下，对产品的结构和性能采用组合设计，可以实现多品种小批量、产品性能多变的生产方式，既满足市场需要，又保证零部件结构相对稳定，保持一定的生产批量，不降低生产专业化水平。这就为那些单一品种大批量生产的企业向多品种小批量生产的转变找到了一条出路。

第六，运用组合设计系统，还可改变过去那种产品投产后再强行统一化的传统做法，有可能引起标准化的方法和形式发生深刻变化。

标准化是沟通国际贸易和国际技术合作的技术纽带，通过标准化能够很好地解决商品交换中的质量、安全、可靠性和互换性配套等问题。标准化的程度直接影响到贸易中技术壁垒的形成和消除。因此，世界贸易组织贸易技术壁垒协议（WTO/TBT）中指出："国际标准和符合性评定体系能为提高生产效率和便利国际贸易作出重大贡献。"

四、综合标准化

新技术革命有个十分重要的特征，就是科学技术的高度分化与高度民主综合，各种自然学科的分支越来越多，它们互相渗透互相交叉，又产生了很多横断交叉学科。工业上也由专业化、自动化发展形成一个现代化综合性生产体系，科学技术和工农业生产的横向综合，向整体化发展，推动了标准化管理向系统化、综合化发展，产生了综合标准化。

1. 综合标准化的基本概念

（1）综合标准化

所谓综合标准化，又可叫做"全面标准化"或"整体标准化"。就是针对不同的标准化对象，以考虑整体最佳效果为主要目标。把所涉及到的全部因素综合起来进行系统处理的标准化管理方法。

我国标准 GB/T 12366.1《综合标准化工作导则　原则与方法》中对综合标准化下了定义："为了达到确定目标，运用系统分析方法，建立标准综合体，并贯彻实施的标准化活动"。综合标准化是系统工程和标准化相结合的产物。它以标准化具体对象系统为研究对象，准确地把握各种相关要素之间的关系，以保证整个系统的功能效果最佳。

（2）标准综合体

开展综合标准化工作，首先要求针对不同的标准化对象，制订一整套相互协调的标准技术文件，我们把这一整套经过系统处理，能够促证对象整体最佳效果的标准和标准技术文件称为标准综合体。它是综合标准化的物质基础。

为此，国家标准 GB/T 12366.1《综合标准化工作导则　原则与方法》中对"标准综合体"定义为："综合标准化对象及其相关要素按其内在联系或功能要求形成的相关指标协调优化，相互配合的成套标准。"1989 年 8 月宣布的我国历时两年多时间制定的彩电综合标准体就是有 344 项成套标准构成的。

标准综合体按其性质可分为二大类：一类是产品标准综合体，它以产品标准作为主要标准化对象，把原料、材料、零部件、半成品及设计文件、工艺文件等相关要素标准协调起来，组成一个产品综合标准化体系。工业产品可以建立标准综合体，农业产品也可以建立标准综合体。如我国建立的长绒棉综合标准体由 20 个标准所构成，烤烟综合标准体由 17 项标准所构成。另一类是一般技术性标准综合体，主要是技术文件标准综合体。它概括的范围有基础标准、跨专业部门的综合性课题以及对国民经济有重要意义的专门课题等。它是为了保证跨部门的高度民主协调统一，针对国民经济的具体情况和部门生产的共性而编制的整套标准。

上述两类标准综合体中，一般技术规定的标准综合体具有更重要的意义，它是进行跨专业部门协调工作的基础，是开展产品综合标准化的保证条件和依据。这两类标准综合体有机地结合起来，就形成完整而统一的综合标准化体系。

2. 综合标准化的基本特征

（1）系统性

根据系统工程学定义：系统性首先是表明特定情况下，人、设备与过程的有序结合，它们相互作用，以保证达到预期的目标，其功能是接受信息，能量物质，并根据时间达到预期的目标、能量、物质；其次是表明物理的或抽象的对象的有序排列。

系统性是综合标准化的实质性特征之一。在推进综合标准化时，应针对不同的标准化对象，确定适当的系统。既要充分考虑标准化对象同相关要素之间的重要职能联系，确定出主体对象和各相关要素的协调一致的要求，又要合理地确定综合系统的范围和最佳约束条件。只有这样，才能获得最大的效果。

（2）目标性

推行综合性标准化，首先必须确定明确的目标，并通过综合标准化计划反映出来。

综合标准化所涉及的范围推广，对于一个国家来说，它的总目标，就是要建立能完全适应国民经济高速发展需要而又符合本国国情的现代标准化体系；而对于一个部门或一个企业而言，其目标在于建立健全这个部门或这个企业的一整套现代标准化体系，以促进这个国家、部门或企业不断提高生产技术水平，获取最佳经济效果。这些目标是在不同的范围内推行综合标准化的战略目标，它应在综合标准化长远规划中反映出来。

产品综合标准化的目标主要在于提高产品的质量水平和技术水平。产品综合标准化的目标一般分为近期、中期和远期目标。近期目标完成期限为1～5年，中期目标为5～10年，而远期目标完成期限为10～15年，但确定远期目标对顺利开展综合标准化工作是十分重要的。

（3）整体最佳性

所谓整体最佳性，就是在推行综合标准时，要考虑整体系统的总效果最佳，而不要求各相关要素单项指标最佳，这是推行综合标准化的基本要求，也体现了综合标准化的巨大优越性。

3. 综合标准化的分类

综合标准化的分类方法有三种。

①按标准级别分类，如可分为国家综合标准化、行业综合标准化、地方综合标准化和企业综合标准化等。

②按标准化对象的性质分类，可以分为单项产品、系列产品、综合体系和综合性课题的综合标准化等。

③按综合性范围分类，有以下几种形式：

产品、零件；

产品、零件、材料；

产品、零件、材料、设备；

产品、零件、材料、设备、工艺；

……

上述分类说明无论在哪一级标准化水平上都可以推行综合标准化，根据不同的标准化对象可确定相应的综合性程度。

世界各国推行综合标准化的实践证明越是在最高一级推行综合标准化，越能获得巨大的效果。如 1971—1975 年，苏联完成了 25 个国家级综合标准化课题项目，其中仅实施 TOCT2 号《设计文件》标准综合体，在提高设计人员的劳动生产率、缩短设计时间、减少文件数量、加快文件的周转、改善产品的使用和维修条件等方面就每年获益 2.5 亿~3 亿卢布。

4. 综合标准化对象的选择

虽然标准化对象涉及到国民经济所有领域，但是为了取得更大效果，正确地选择综合标准化的对象，仍然是十分必要的。

根据国外文献记录，在选择综合标准化对象时常采用下列一些准则。

①应考虑那些作为综合标准化对象及其各要素的各种产品、产品生产量和经济性；

②所选定的对象在推行综合标准时所产生的经济效果，其中包括提高质量所产生的效果；

③对象的结构比较完善，从而有可能建立结构的统一系列和参数系列；

④对象的内部结构有可能使零部件实行统一化和专业化生产。

……

上述各项准则中，经济性准则是选择综合标准化对象并同时确定其顺序的决定性准则。

建立综合标准化系统以建立能体现综合标准化全部预订要求的技术标准或一组技术标准为起点，这项（组）技术标准称为"主导标准"。系统的其他组成全部是为制订主导标准所需要制订的标准，这些标准根据其在系统中的位置，即根据它们与主导标准的结合形式和互相影响来决定，分别称为旁系标准、直系标准、相关标准。

5. 综合标准化的基本原则

国家标准 GB/T 12366.1《综合标准化工作导则　原则与方法》中提出综合标准化应遵循七项基本原则。

①把综合标准化对象及其相关要素作为一个系统开展标准化工作。实质上是以综合标准化对象为中心的标准化工程。

②综合标准化对象及其相关要素的范围应明确并相对稳定与完整。

③综合标准化的全过程应有计划、有组织地进行。显然，综合标准是人造标准化工程。

④以系统的整体效益最佳为目标，局部效益服从整体效益。当然，整体效益是指技术、经济和社会三个方面的综合效益。

⑤标准综合体的各项标准之间，应贯彻低层次服从高层次的要求。

⑥充分选用现行标准，必要时可以现行标准提出修订或补充要求。

⑦标准综合体内各项标准的制订及实施应相互配合。

除上述七项基本原则外，各类标准还有自己的一些原则。例如，工业产品开展综合标准化时，还应遵循 GB/T 12366.2《工业产品综合标准化一般要求》中提出的另外两项基本原则。

①根据标准化对象的内在联系和实现整体最佳目标的需要，从全局出发，各部门行业要密切配合，协调行动。

②单项标准服从标准综合体的要求；原材料标准服从零部件、元器件标准的要求；零部件、元器件标准服从成品标准要求；装置和整机标准服从全

系统的要求；制造服从使用的要求。

农业产品开展综合标准化时，则除了遵循上述七项基本原则之外，还应遵循 GB/T 12366.3《农业产品综合标准化一般要求》中规定的下列三项基本原则。

①应结合全国或地区农业区划，注意生态平衡，环境保护，合理利用资源。

②应充分考虑农业生产的特性，如生物性、区域性、季节性等。

③必要时，农业产品标准综合体中，可纳入标准样品。

6. 综合标准化的工作程序

GB/T 12366《综合标准化工作导则》中，又进一步提出了规范化的工作程序，如表3 - 1 所示：

表3 - 1　综合标准化工作程序

工作阶段	一般工作步骤 （B/T 12366.1）	工业产品综合标准化工作步骤（GB/T 12366.2）	农业产品综合标准化工作步骤（GB/T 12366.3）
准备阶段	1. 确定对象 2. 建立协调机构	1. 确定对象 2. 调研 3. 可行性分析 4. 建立协调机构	1. 确定对象 2. 建立协调机构
规划阶段	3. 确定目标 4. 编制标准综合体规划	5. 确定目标 6. 编制标准综合体规划	3. 确定目标 4. 编制标准综合体规划
制标阶段	5. 制订工作计划 6. 建立标准综合体	7. 制订工作计划 8. 建立标准综合体	5. 制订工作计划 6. 建立标准综合体
贯彻阶段	7. 组织实施 8. 评价和验收	9. 组织实施 10. 评价和验收	7. 实施贯彻 8. 总结评价

7. 综合标准化工作的步骤

现以工业产品为例，依据 GB/T 12366.2 详细说明其每一个工作步骤的具体内容。

（1）确定对象

应根据客观需要和现实条件，选择综合标准化对象，一般来说，有三种对象优先确定：① 对国民经济发展具有重大技术、经济意义和明显效益的产品；② 投资少、见效快、收益大的产品；③ 在一定范围内功能互相关联，经过纵横向协作才能解决相关参数指标协调与优化组合问题的产品。

（2）调研

主要调研：① 产品现状及国内外同类产品技术、质量水平；② 与该产品有关的过内外现行标准及其水平；③ 有关主管部门、协作部门和使用者的意见。

（3）可行性分析

编制需要和可能，对选择的对象情况、所需人力、物力和财力的情况，以及能否获得预期的技术、经济和社会效益进行可行性分析。

（4）建立协调机构

根据综合标准化的对象及其相关要素的综合范围，由主管部门、科研部门、标准化部门和企事业单位组成有权威的协调机构。

该协调机构负责制订总体规划和组织全部标准的起草与审定工作。协调机构内应建立严格的工作制度，明确职责的分工。

（5）确定目标

在充分考虑科学技术发展趋势的情况下，确定近期、中期和远期应达到的目标，其主要内容为：① 产品的技术水平；② 产品的质量水平；③ 技术、经济和社会效益等。

（6）编制标准综合体规划

编制标准综合体规划之前，首先应收集、分析各种有关的信息资料，对综合标准化对象进行系统分解，分析其结构、工艺流程，根据它与相关要素及相关要素之间的内在联系或功能要求，找出各环节中影响目标实现的关键要素，明确各类要素的相互关系。

然后以最终产品为核心，以标准相关要素图及有关文字说明，表述产品及其相关要素的整个系统构成状况以及层次之间的隶属关系。

在综合标准化相关要素图的基础上编制标准综合体规划草案，确定系统项目内容和综合范围，提出各相关要素近期达到的要求或指标，列出有关标准和研究项目课题，最后组织有关人员对该草案认真进行审议。评审的主要内容是：① 目标能否保证；② 构成是否合理；③ 标准是否配套；④ 总体是否协调。

经评审后正式确定标准综合体规划。

（7）制订工作计划

按照标准综合体规划的要求制订工作计划，工作计划中应有明确分工和进度要求，对一些技术难题，还应制订攻关计划。

（8）建立标准综合体

根据工作计划，组织起草、审定、批准、发布有关的各项标准，或认可现行标准，建立标准综合体。

（9）组织实施

标准综合体内各项标准一旦批准发布或认可，即要制订实施措施，确保标准及时实施以及取得预期的技术、经济和社会效益。

（10）评价与验收

由下达综合标准化工作任务的部门组织有关单位和人员对标准综合体实施后的情况进行评价。评价项目的内容包括：① 文件资料审查，包括相关要素图、标准综合体的标准目录和文本、产品鉴定证书和标准化审查报告、检查测试报告以及协调机构的总结报告等；② 标准综合体的实施情况；③ 在设计、生产、流通和使用各个阶段中综合标准化产生的经济效益和社会效益。

1984 年 1 月，我国第一个执行综合标准化的协调机构——全国电工电子设备结构综合标准化技术委员会的成立，标志着我国走上综合标准化之路。尔后，辽宁、重庆、新疆、福建等省及机电、农业等部门先后开展了彩电、收录机、烤烟、长绒棉、美利奴羊等工农业产品方面的综合标准化工作，取得了十分显著的效益和经验。《综合标准化工作导则》系列国家标准的发布与实施将使我国综合标准化工作得到更加广泛、深入的发展，将产生更大的经济效益和社会效益。

五、超前标准化

按照系统的科学观点，单体最佳的总和不等于整体最佳，要达到标准综合体的整体最佳效果，各有关单位就要密切配合、协调行动，既做好技术协调，又要做好组织协调。组织协调是技术协调的重要保证条件，没有协调，就谈不上综合标准化。

众所周知，当代科学技术的发展日新月异，新技术从发明到实际应用的周期越来越短。例如，纸从发明到实际应用的周期长达 1 000 年，可水泥只有 88 年，蒸汽机为 80 年，电话为 50 年，飞机为 20 年，晶体管技术为 3 年，激光仅用了 2 个月，丁肇中教授 1974 年 12 月 1 日公布发现 J 粒子，当天就传遍到全世界，2 个月后又有人在他研究成果的基础上发表了新的论著，这无异给传统的标准化管理以很大的冲击，于是，就产生了超前标准化。

1. 超前标准化与超前标准

（1）超前标准化

依据预测，对以后将成为最佳的标准化对象，规定出高于目前实际水平的定额和要求，为超前标准化。促使超前标准化产生的背景是科学技术进步、生产的发展和经济的繁荣。

超前标准化的主要内容包括：制定超前标准；确定超前标准的级别和种类；超前标准实施期限；实施超前标准的有关措施（包括工艺规程、试验和计算方法、组织和管理方法以及必要的行政手段等）；超前标准指标的定性与定量值最佳化选择。

什么是超前标准化？前苏联在国家标准 TOCT 1.0 – 68 中对超前标准化下的定义是："根据预测，对以后将成为最佳的标准化对象，规定出高于实际达到水平的规格和要求的标准化"。

超前标准化是动态标准化的具体反映，它具有下列特点。

第一，产品的质量指标随时间而变化，也就是说，它是一个时间的函数；

第二，质量指标的变化要同科学技术的进步速度同步；

第三，要及时地制订与贯彻标准，在整个有效期内使标准始终处于最佳有效状态。

（2）超前标准

超前标准化的工作成果就是超前标准。在超前标准中，根据现实条件，以质量分级的形式规定出具有不同实施日期的指标、规格和特性，也就是有一定的超前期。

具体地说，某种产品在标准有效期内没有工业生产的同类产品，而从技术水平衡量，这种产品已跨入一个新阶段，它是体现先进技术的"带头"产品。那么针对这类产品规定的最佳规格、技术要求的标准就是超前标准。

凡是保证在标准有效期内贯彻实施、组织与管理的更先进的新方法和新形式，规定有相应符合要求的标准也是超前标准，如有关全套自动化管理体系标准、自动化设计体系标准等。

需要说明的是，某些新产品或先进产品在标准有效范围内只被个别先进企业所掌握，并且在质量指标方面显著超过其他企业的同类产品，则针对这类产品规定的最佳规格和技术要求的标准，对其他大多数企业来说也是超前标准。

2. 超前指标和超前期

在制定标准时，根据预测，给标准化对象规定在一定期限后应达到的要求就是超前指标。

超前指标通常是一些可以预测的，在一定时期内相对稳定的重要指标并且是最佳的。超前指标可以分为若干等级即若干阶段指标，按照不同的实施日期先后实施。

GB/T 12366.5《确定超前指标的一般要求》规定了确定超前指标的四项原则。

（1）必须以科技成果和生产发展水平为基础，以国际标准和国外先进标准为依据，规定出在一定期限内应该达到的水平。

（2）应与科研工作相结合，在超前标准化对象发展的最初阶段进行。

（3）必须掌握科学技术发展的预测结果，了解技术进步与产品升级换代的规律。

（4）应着重研究超前标准化对象的重要特性和质量指标及其发展趋势。

超前指标具有经过科学论证和预测的超前期。超前期是指标标准日期与标准中超前指标的实施日期之间的时间间隔。

由此可见，超前指标中必须规定出超前指标，并把这些超前指标同目前能够达到的现实指标结合起来，超前标准化也可以这样加以概括："凡具有一定的超前期，并且其质量指标随着时间的变化而变化，从而能在整个有效期内始终处于最佳状态的现代标准化管理方法就是超前标准化"。

3. 超前标准化的超前性实质

（1）产品标准的超前性

在超前标准化对象中，产品占据着十分重要的地位，因此产品的超前标准化是我们研究的重点问题。

产品的超前标准化要考虑四点：① 同产品的科学实验，工业生产这一过程相比，超前标准化的过程将随着时间的推移逐步减少超前量；② 制订超前标准的产品，具有已定的具体特性，但到制定标准时尚未成为某一给定领域工业生产的对象，就是说它们属于新产品范畴；③ 必须同科研成果、设计工作和生产技术准备工作保持密切联系开展超前标准化；④ 超前标准化应该分阶段和分单元进行，并着重于标准化对象的那些最重要的指标进行超前标准化。

总之，产品超前标准的超前性在于及时地选择产品标准化过程的开始和结束时间，并使该产品生产准备过程始终处于超前标准化的影响之下。

确定超前标准的开始、结束时间可运用表 3 - 2 中列的 6 个公式。

表 3 - 2 超前标准化开始和结束期计算公式

标准的超前性	计算公式	
	超前标准化开始期 Tb	超前标准化结束期 Te
标准超前于产品工业批量生产阶段	$Tb1 \geqslant Te1 - ts$	$Te1 \geqslant 0$
标准超前于产品工业生产技术准备阶段	$Tb2 \geqslant Te1 - ts - tp$	$Te2 \geqslant Te1 - tp$
标准超前于产品设计阶段	$Tb3 \geqslant Te1 - tp - ts - tw$	$Te3 \geqslant Te1 - tp - tw$

注：Tb1——标准超前于产品生产开始期；

　　Tb2——标准超前于产品生产技术准备开始期；

　　Tb3——标准超前于产品设计工作开始期；

　　Te1——标准超前于生产结束期；

　　Te2——标准超前于生产技术准备结束期；

　　Te3——标准超前于设计工作期；

　　tp——生产技术准备阶段工作结束期；

　　tw——设计工作阶段的连续时间；

　　ts——标准化过程的连续时间。

（2）超前标准化工作过程

制订与贯彻超前过程是一个很复杂的过程，一般可分为以上三个阶段。

① 准备阶段。在全面地分析和处理大量的有关情报数据的基础上，选择超前标准化的对象，确定超前标准化方向，然后确定其具体指标。如产品，就要对其发展趋势进行技术上的质量分析，特别是对具体的技术手段发展趋势进行技术上的质量分析，特别是对具体的技术手段发展情况作定量分析，最后要对技术经济分析和技术经济效果进行计算。

② 制订超前标准阶段。总的来说，制订超前标准同制订一般标准没什么区别，但在超前标准中必须规定促进产品发展的指标，其发展方向应符合国民经济需要。

③ 彻超前标准阶段。由于超前标准所规定的产品指标尚未被工业企业所掌握，因此必须建立贯彻超前标准所必要的物质条件、经济条件和组织技术条件。然后根据不同的产品种类，在规定的生产范围内认真贯彻实施。

④ 超前标准化的实质。大家知道，标准的制订期限一般应同产品的研制、制造和使用等过程协调一致，只有这样，才能发挥标准的有效作用，以某种产品为例，如我们取该产品标准的批准时间（TP），对于该产品投入生产的开始时间（TH）的提前期（TY）作为该产品标准制订及时指标。即：

$$TY = TH - TP$$

作为超前标准化的必然标志，提前期限 TY 必须是正数，但是超前标准化还要有其他标志，其中很重要的一项就是在未来使用期内质量指标的最佳性。而最佳质量指标是随时间而变化的，也就是超前标准化要以动态最佳的作用为前提，这样就能保证在给定条件下达到尽可能大的经济效果。

4. 超前指标的确定程序和方法

GB/T 12366.5《确定超前指标的一般要求》中规定：确定超前指标的步骤为三个阶段。

（1）选择超前指标项目

开展超前标准化时，应广泛收集、整理和分析有关资料，对反映标准化对象基本特性的指标进行全面分析，从中选择能保证实现超前标准化目的的指标为超前指标。

（2）预测超前指标值

预测的目的为了考察超前标准化对象未来可能的发展趋势，为确定超前指标提供必要的数据。因此，一般必须由熟悉超前标准化对象、具有丰富实践经验的人，运用上述各种预测方法，对超前标准化对象进行科学的分析，揭示其内部的因果关系。

预测：① 超前指标的水平及其指标值发展变化的可能范围；② 影响超前指标的有关因素，并进一步预测这些因素对超前指标的影响程度，发展变化的可能范围；③ 超前指标的超前期和有效期限，实施有关超前指标值的最佳时期。

（3）在标准中规定超前指标

根据预测分析的结果，将超前指标纳入有关标准，并在标准中明确规定超前指标值的实施日期及有效期限。

5. 我国采用超前标准化实例介绍

超前标准化这种先进的现代标准化管理方法和形式，除了前苏联曾大量运用外，美国于20世纪40年代末制定彩色电视机技术标准时最早采用了超前标准化，日本近几年来也在运用。我国在1982年制定《文件传真二类机互通技术条件》国家标准时也采用了超前标准化方法，现以此作为实例介绍。

高速文件传真机是当代办公自动化的重要工具之一，近年来传真机发展非常迅速。我国原来普遍使用的传真一类机，已经不能满足传真业务的要求，因此决定对传真二类机、三类机开展超前标准化试点工作。

1977年在开始制定《传真二类机在电话网中互通技术条件》国家标准（即GB 2886）时，就积极参照国际电报电话咨询委员会（CCITT）1976年通过的"文件传真二类机 T3 建议"，又考虑到我国确定原稿尺寸、扫描密度、载频控制、汉字特点、通信网的现状以及电子工业生产水平等实际情况，由邮电部电信传输研究所负责起草，由电子工业部733厂、上海有线电厂、兴安通信设备厂、邮电部七所、总参通信部、北京电报局等这些研究、生产、使用、管理各方面单位参加，共同努力协作而在1982年完成。

20世纪80年代初，传真二类机在我国还处于定型生产阶段，传真二类机的国家标准一发布，就成为我国传真二类机的设计依据。技术问题的及时统一，避免了设备制式的混乱。由于传真二类机国家标准超前于该设备批量投产一年左右的时间，保证了国家传真二类机进电话网和其互通。

1980 年后，国际电报电话咨询委员会议制订出 T4 和 T5 两项关于传真三类机的基本参数、编码方案、调制方式和操作规程等互通技术条件方面内容的建议。当时国内还没有研究文件传真三类机，我国又开始制定超前于研制阶段的传真三类机标准。

标准制定工作按照制订超前标准时准备阶段工作内容规定，对传真三类机发展趋势进行预测，预测其科技水平、技术指标和经济指标，他们用模拟法预测传真三类机超前标准的最短有效期为 20 年，最后于 1982 年制订发布了《文件传真三类机互通技术》国家标准（即 GB 3382）。而 1983 年之后，我国才进口第一批传真三类机投入使用，并有企业技术引进和外商合作生产，传真三类机国家标准对国内用户使用和工厂生产又起到技术依据和咨询作用，推动了我国传真三类机的发展，并增强了国际间通信的交往。

上述实例表明，虽然我国科学技术水平可能与世界先进水平的差距较大，但推行超前标准化就可以缩短这种差距。实际上，我国在采用国际标准和国外先进标准中，由于其中不少标准对我国来说实际上是属于超前标准范围，更要大力宣传和推行超前标准化先进方法，否则势必严重影响国际标准和国外先进标准的积极采用。

标准化的形式与方法是多种多样的，随着社会科学技术的进步，标准化活动领域的扩大以及标准化学的发展，肯定还会出现更多更好的标准化形式与方法。

第四章　我国标准化工作

第一节　我国标准化工作回顾

一、新中国成立前我国标准化工作概况

早在清朝末年，曾国潘、李鸿章、张之洞大肆进行洋务运动，兴办军事工业和其他工业，中国民族工业开始兴起，出现了规模非常有限的大机器工业，相应的开展了一些标准化工作。1908 年，清政府颁布了《划一度量权衡制度图说总表及推行章程》，总共有 40 条，由于外受帝国主义侵略，内部统治阶级腐败无能，章程只能成为一纸空文。在以后 30 多年的时间里，虽然也先后办起了 19 个军工厂，但是所用的机器和原料以及管理人员都是外国的，贯彻的标准也是外国的，有几个国家投资，就出现了几个国家的标准。所以，管理很混乱，产品质量不高，销售很困难。

在铁路建设方面，由于当时帝国主义掠夺了中国铁路的修筑权，因此早些年，我国的铁路标准是多国化，既有俄国的，也有英国的，还有日本的。以东北为例，俄国占领东北的北部，采用的是俄国标准；从沈阳到山海关由英国控制，轨距是英国标准。后来日本占领辽宁，从沈阳到旅顺的铁路轨距是日本标准。这些对我国的经济发展造成了严重的影响。

后来，到国民党统治时期，他们依靠帝国主义的扶持，也曾发展了一些近代工业，当时在国际上"合理化"、"标准化"浪潮的推动下，开展了一部分标准化活动。国民党政府的实业部于 1934 年 3 月草拟了"工业标准化委员

会简章"，当年 5 月 3 日由行政院公布实施，当年的 12 月又正式成立了"工业标准化委员会"，以后又成立了专门起草委员会，起草了数百个标准草案，搜集了国外标准两万件，翻译出版了三千多种标准。参加工业标准化委员会的成员有国民党政府各院部及学术团体、省主管厅局工业团体及厂矿方面的代表等，此外还聘请了各方面相关的专家。1944 年 6 月，首次颁布了《等比标准数》、《标准直径》和《工业制图》3 个标准。1946 年 9 月制定了《标准法》、《国家标准制定办法》以及《产品质量标记》等法规性文件，10 月又派代表参加了国际标准化组织（ISO）成立大会。1947 年，加入了国际标准化组织，并被当选为理事国，后来不久被停止了会籍。

在当时由于时局动荡不安，因此全国许多应该统一的技术要求没有做到统一，同一产品各地执行的标准不同。例如，工程建筑方面的标准，南方采用英、美标准，东北多用日本标准，山东沿海多用法国标准。冶金、建材、石油、化工、煤炭等基本原料、燃料工业，东北地区以日本标准为主，华北、华东地区以英、美标准为主。甚至还出现了在同一地区，例如上海，执行不同的标准，实际上属于哪个帝国主义的势力范围，就实行哪个国家的标准。在船舶运输方面，当时的情况更加混乱，有资料曾形容是"万国牌的机，万国牌的船"。

二、新中国成立后我国标准化工作概述

新中国成立后，党和政府十分重视标准化事业的建设和发展。

1949 年 10 月成立了中央技术管理局，内设标准化规格化处，当月中央人民政府政务院财政经济委员会便审查批准了中央技术管理局制订的"《工程制图》标准"，这是新中国成立后颁布的第一个标准。

我国的标准化工作在 20 世纪 50 年代到 60 年代，是以苏联国家标准为依据结合中国的技术水平、设备和原材料等具体条件以及用户要求进行的。在我国的第一、第二、第三个五年国民经济计划时期，如同整个经济建设一样，标准化工作主要是学习苏联和各民主国家的经验，标准化工作开始受到了国家的关注。

1956 年我国派 19 人的代表团参加了 5 月 22 日至 26 日在莫斯科召开的

"苏联及其他社会主义国家标准会议"。会后，我国代表团向主管部门报告，建议我国标准化机构除加强与社会主义国家联系外，应积极参加国际标准化组织（International Standard Organization，ISO）及国际电工委员会（International Electrotechnical Commission，IEC）以响应第一次标准会议要求各国际级参加国际标准化组织的决议。代表团认为成立中国的国家标准化机构是刻不容缓的问题。1957年初，国家技术委员会标准局正式成立，主管全国标准化工作。

此后，我国连续参加了每年一次的社会主义国家标准会议，而且，1962年11月12日至18日在北京成功举办了第七次社会主义国家标准会议。这次会议不仅盛况空前，而且组织工作十分出色，取得了圆满成功。

尽管如此，我国的标准化活动直到20世纪70年代初，除了参与IEC的历届年会外，仍然局限于在当时的社会主义国家中进行。1972年联合国恢复了我国合法权益后，情况发生了根本变化。尤其是1978年正式参加了ISO后，我国积极参加国际标准化活动，并日益发挥其重要作用，国家标准总局在1978年的成立，把我国标准工作推向了深入，逐步走向了正轨。

2001年4月10日，原国家质量技术监督局和原国家出入境检验检疫局合并，成立国家质量监督检验检疫总局、国家标准化管理委员会和国家认证认可委员会；2001年10月11日，中华人民共和国国家标准化管理局，即中国国家标准化管理委员会正式挂牌。

我国的标准化工作经历了几十年的发展，逐步走向成熟，在国民经济发展建设中正发挥着越来越重要的作用。

三、我国的采标工作

1. 我国采标概述

所谓采标就是采用国际标准和国外先进标准的简称，是指将国际标准或国外先进标准的内容，经过分析研究，不同程度地转化为我国标准并贯彻实施。我国标准采用国际标准或国外先进标准的程度，分为等同采用、等效采用和非等效采用三种。《中华人民共和国国民经济和社会发展"九五"计划和2010年远景目标纲要》中指出：我国标准化工作要采取措施，加快采用国际标准和国外先进标准的步伐，要认真落实采标政策，力争"九五"计划末实现主要行业采标率达到70%以上。

2. 采标的原则

应当符合我国有关法律和法规，保障国家安全，保护人体健康和人身、财产安全，保护动植物的生命和健康，保护环境，做到技术先进、经济合理、安全可靠。

凡已有国际标准（包括即将制定完成的国际标准），应当以其为基础制定我国标准。凡尚无国际标准或国际标准不能适应我国需要的，应当积极采用国外先进标准。

对国际标准中的安全标准、卫生标准、环境保护标准和贸易需要的标准应当先行采用，并与相关标准相协调。

采用国际标准和国外先进标准，应当同我国的技术引进、技术改造、新产品开发相结合。在技术引进中，要优先引进有利于产品质量和性能达到国际标准和国外先进标准的技术设备和有关的技术文件；技术改造、新产品开发应积极采用国际标准和国外先进标准。

采标的方法分为翻译法和重新起草法。等同采标时，采用翻译法；修改采标时，采用重新起草法。

第二节　国际标准化发展进展

随着经济全球化迅猛发展，国际标准化呈现出许多新的特点，例如，国际标准的趋同、加紧争夺国际标准的制定权、运用标准来保护国内市场、标准化过程中分权化明显等。这些特点对我国的标准化有许多启示。

一、国际标准化发展的新特点

随着经济全球化迅猛发展，对标准的需求日益增长。在国际上广泛接受的标准有利于促进产品的国际比较，减少贸易中的技术障碍，从而促进国际贸易的发展，也有利于更好地进行产品的质量管理和消费者权益的保护。各国也可以通过技术标准在国际市场筑起新的贸易壁垒，借以保护本国的利益。另外，在国际贸易中，当贸易双方关于质量问题产生争议时，标准是进行仲裁的依据，为解决贸易纠纷创造了公正的条件。为了充分利用标准的作用，各国和各种国际组织开展了大量的工作，使国际标准化的发展呈现出许多新特点。

1. 国际标准的制定权——各国标准化争夺的焦点

随着贸易全球化和高新技术的迅猛发展，对国际标准的需求日益增长，许多国家积极采取国际标准。例如，日本每年制定的标准中有90%以上是等同采用国际标准化组织（ISO）和国际电工委员会（IEC）标准；ISO、IEC标准的85%被英国、法国、德国等国家采用；欧盟的600多项欧洲标准化委员会（CEN）标准中，有40%采用ISO/IEC标准；北欧工业发达国家强调直接采用国际标准，原则上也不再制定本国标准；一些发展中国家也积极求助于国际标准，以便在国际市场争得一席之地。在这种形势下，国际标准的趋同已经逐渐成为全球普遍发展趋势。

在此背景下，将本国标准制定成国际标准，或者是将本国的国家标准、行业标准或学会标准推向世界并为各国所公认，就可以在国际贸易中取得优势，先声夺人。以英国、法国、德国为主的西欧国家和美国，一直将很多精力和时间放在国际和区域标准化活动上，企图长期控制国际标准化的技术大权，并且不遗余力地把本国标准变成国际标准。按承担ISO、IEC的TC/SC技术秘书数量和资助额计算，德国（DIN）在ISO中的贡献率为19%，英国（BSI）为17%，美国（ANSI）为15%，法国（AFNOR）为12%；德国、法国和英国在欧洲标准化机构CEN/CENELEC/ETSI中所占份额分别是28%、22%和21%。

2. 保护国内市场的有力武器——标准

目前，一些国家尤其是发达国家，在传统贸易壁垒如关税、配额等的重要性下降的情况下，为了限制外国商品的进口，制定了许多严格的技术法规和产品标准。日本早在1994年就有8 581种工农业产品标准，而且数量每年都迅速增加。欧盟有将近100 000种技术标准。美国的各种标准就更多，新标准也层出不穷，如1998年新颁布的UL588标准，数量上就比过去增加了一倍。不仅如此，许多国家要求各种各样的认证、产品标志和标签。除了要求ISO9000 质量认证外，许多国家还要求关于健康、安全和环境保护的认证，如ISO14000 环境管理标准、TL9000 标准、Car QS900 标准等。

3. 各国标准化过程的显著特点——分权化

在各国标准制定过程中，通常关于安全、健康和环境的标准都是由政府来制定的，其他的则是由政府建立起一般的指导原则，然后由自发的企业联盟提出详细说明和作为行业参考的认证体系。因此，尽管在标准化过程中，政府发挥着重要作用，但是具体的标准和认证过程则需要企业联盟来完成。这主要是由于政府缺乏制定标准必要的技术资源而愿意采纳由企业集团提出的各种自愿性标准。

美国的标准化体系是高度分权化的。根据不完全统计，1984 年，美国有750 个标准组织，其中420 个是非政府组织，到了1991 年这种组织上升到600个。现在，尽管美国政府仍是国家标准制定第一位的推动力量，但是它逐渐地把这种责任交给私人标准制定组织。尽管美国体系分权的程度是独特的，但是趋向自愿性标准却由来已久。所有的经合组织国家都更多地强调非强制性标准。德国标准化学会（DIN）是一个私人组织，负责协调德国的所有标准活动并在国际标准组织中代表德国，由它制定的标准从1984 年的12 000 项上升到1993 年的20 000 项，这些标准集中在新技术、食品和安全规则方面，这些领域在过去则被认为是政府包揽的。

欧盟在完成单一市场的任务时需要协调各国不同的法律法规，使产品和服务能自由地跨越国界流通。一开始他们按照老办法，由欧盟的技术专家来编写这些法规。但是他们很快发现，由于需要编制的法规太多，他们没有足够的专家和时间。因此，他们采用了一个称为"技术协调和标准化的新方法"，即欧盟管理者只规定基本要求，由欧洲各标准化组织制定能符合这些要求的技术规格，然后欧盟的法规将引用这些标准，作为证明产品达到法规要求的方法之一。通过这个新方法完全达到目的。

二、国家标准化发展给我们的启示

上述国家标准化发展过程中出现的一些新的特点，给了我们国家一些启示。从中我们可以吸取经验，用以指导我国标准化的发展。

1. 积极参与

中国作为世界上最大的发展中国家，在各项国际事务中起得作用越来越大，在国际上的地位越来越高。但是，在国际标准化活动中，来自中国的声音却很少。到目前为止，我国在国际标准化组织中所起到的作用与我国经济实力不相符。据统计，到 2005 年底，国际标准现有 ISO 标准 13 000 个、IEC 标准 4 800 个，而中国主导起草的国际标准只有 13 项。此外，我国与发达国家承担 ISO/IEC 的 TC/SC 秘书处的情况见表 4-1 所示。

表 4-1　我国与其他国家承担 TC/SC 秘书处情况对比

	美国	法国	英国	德国	日本	中国
ISO	131	85	109	132	32	6
IEO	31	31	25	25	10	0

从上表中我们可以看到，相对于发达国家而言，我国承担 ISO/IEC 的 TC/SC 秘书处工作很少。为了更好地发挥标准在促进我国对外贸易中的作用，我国应当更多地参加国际标准化活动，在国际标准化中争取得到应有的地位，发挥更大的作用。

2. 加速采用国际标准

据有关方面做的调查，我国的国家标准中采用国际标准的不足 1/3，占整个国际标准数量的比重不到 40%。国际标准多数是在工业发达国家标准的基础上协调产生的，基本上代表了当今现代化工业技术水平。我们应该采取积极的态度，对国际标准认真分析。凡是有利于提高产品质量、促进国内外贸易、保护国家利益的标准都应该加速采用为我国标准。作为世界贸易组织成员，采用国家标准不仅是我们的义务，而且有利于提高我国的技术和管理水平，有利于突破他国的壁垒，从长远看，它也是突破技术壁垒的最有效途径。

3. 学会利用标准武器保护我国利益

在我国对外交流与活动中，尤其是商品进出口贸易活动中，常常因为标准化工作不到位，使我国蒙受巨大经济损失。例如，由于进出口商品合同中没有明确规定质量标准、检验标准，外商向我国输出质量低劣的商品，或者外商使用过时的、不配套的标准作为商品交易和验收的依据，以次充好等。因此，我国也应该加强标准化工作，制定严格的技术法规和产品标准，保护我们的正当利益。

4. 建立分权化标准化体系

我国标准化管理体制的最主要特点是政府主导。在标准化管理体制中，由国家质量技术监督局统一管理全国标准化工作，国家标准管理委员会具体行使国家标准管理的行政权力，负责国家标准的立项、协调、审查和批准发布。国家标准管理委员会是我国政府管理标准化的一级机构，标准化没有向企业和消费者真正打开大门，它管理着全国数百个标准化技术委员会。这些标准化技术委员会绝大部分都分布在我国原计划意义上的政府行业主管部门中。另外，在我国行业协会政府特色比较浓厚，民间组织体系不完善，我国《标准化法》也决定了行业协会没有权力制定能代表企业利益的行业标准。而且，标准化制定所需经费主要来源于政府财政拨款。

上述这些问题使得我国标准化工作政府起了主导作用，由此产生了一系列问题，如我国在参与国际标准化活动中显得心有余而力不足，企业标准化意识淡薄，国家标准面对市场变化的灵活性和适应性都较差，常常对市场反应不够及时，甚至可能在实际中标准毫无用处，或者出现标准化经费严重不足等。

借鉴国际经验，我国必须加快标准化管理体制改革，建立分权化的标准化体制。

5. 政府在标准化中的作用

政府在标准化活动中的作用在于制定有关安全、健康和环境的标准，其他的标准一般制定指导原则，批准标准化法，批准国家标准的发布。因此，我国要进行标准化工作中的大胆改革，打破政府垄断标准化管理的状况，使行业协会成为真正的民间组织，并允许建立非政府标准化机构，推动我国的标准化事业向国际化迈进。

第五章　国际著名的标准化组织

第一节　国际标准化组织（ISO）

国际标准化组织（ISO，International Organization for Standardization）是目前世界上最大、最有权威性的国际标准化专门机构。国际标准化组织的目的和宗旨是"在全世界范围内促进标准化工作的发展，以便于国际物资交流和服务，并扩大在知识、科学、技术和经济方面的合作"。其主要活动是制定国际标准，协调世界范围的标准化工作，组织各成员国和技术委员会进行情报交流以及与其他国际组织进行合作，共同研究有关标准化问题。

一、ISO 的起源

ISO 的前身是国家标准化协会国际联合会（International Federation of the National Standardizing Associations，ISA），简称国际标准协会，它成立于 1928 年，到 1938 年参加该组织的有奥地利、比利时、捷克斯洛伐克、丹麦、芬兰、法国、德国、希腊、匈牙利、意大利、日本、荷兰、挪威、波兰等 21 个国家。ISA 的任务主要是交换标准化情报，以利于各国标准的协调，促进各国标准的统一。ISA 先后成立了 50 个技术委员会（TC），发表了 32 个标准建议，称为 ISA 公报，这些公报大多数被各国采用，如滚珠轴承、机器轴身、轴心高度、销子、米制螺纹、紧固件、制图等。第二次世界大战爆发后，由于欧洲战事及国际局势的发展，ISA 无法继续开展工作，至 1942 年 4 月解散。

1946 年 10 月 14 日至 26 日，来自中国、英国、美国、法国和苏联等 25

个国家的 64 名代表集会于伦敦，正式表决通过建立国际标准化组织，即 ISO。1947 年 2 月 23 日，ISO 章程得到 15 个国家标准化机构的认可，国家标准化组织宣告正式成立。参加 1946 年 10 月 14 日伦敦会议的 25 个国家为 ISO 的创始国。ISO 是联合国经社理事会和贸发理事会综合级的甲级咨询组织（最高级）。此外，ISO 还与 600 多个国际组织保持着协作关系。

二、ISO 的内涵

我们注意到国际标准化组织的缩写为 ISO，而其英文的全称是"International Organization for Standardization"，由此可见，ISO 并非是其首字母缩略词 IOS。实际上 ISO 本身就是一个词，它来源于希腊语，意为"相等"，现在有一系列用它作前缀的词，诸如"isometric"（意为"尺寸相等"）、"isonomy"（意为"法律平等"）。"相等"正是标准所追求的真正目的，从"相等"到"标准"，内涵上的联系使"ISO"成为国际标准化组织的名称。

三、ISO 的成员与组织机构

1. 成员国

按照 ISO 章程，其成员分为团体成员和通讯成员。团体成员是指最有代表性的全国标准化机构，而且每一个国家只能有一个机构代表其国家参加 ISO。通讯成员是指尚未建立全国标准化机构的发展中国家或地区。通讯成员不参加 ISO 技术工作，但可以了解 ISO 的工作进展情况，经过若干年后，待条件成熟，可转为团体成员。ISO 的工作语言是英语、法语和俄语，总部设在瑞士的日内瓦。2005 年国际标准化组织 ISO 迎来了第 150 位成员——西非的布基纳法索（Burkina Faso）的国家标准化组织 FASONORM。这样，随着上个世纪九十年代新兴独立国家和发展中国家的加入，ISO 这个最初由 25 个国家于 1946 年发起成立的世界组织的成员数量得到飞速发展。

ISO 现有技术委员会（TC）186 个和分技术委员会（SC）552 个。1978 年 9 月 1 日，我国以中国标准化协会（CAS）的名义重新进入 ISO。1988 年起改为以国家技术监督局的名义参加 ISO 的工作，后来又改为以中国标准化管理局（SAC）的名义参加 ISO 的工作。1999 年 9 月，我国在北京承办了第 22

届 ISO 大会。

2. 组织结构

其组织机构包括全体大会、主要官员、成员团体、通信成员、捐助成员、政策发展委员会、理事会、ISO 中央秘书处、特别咨询组、技术管理局、标样委员会、技术咨询组、技术委员会等。图 5 - 1 是 ISO 的组织机构示意。

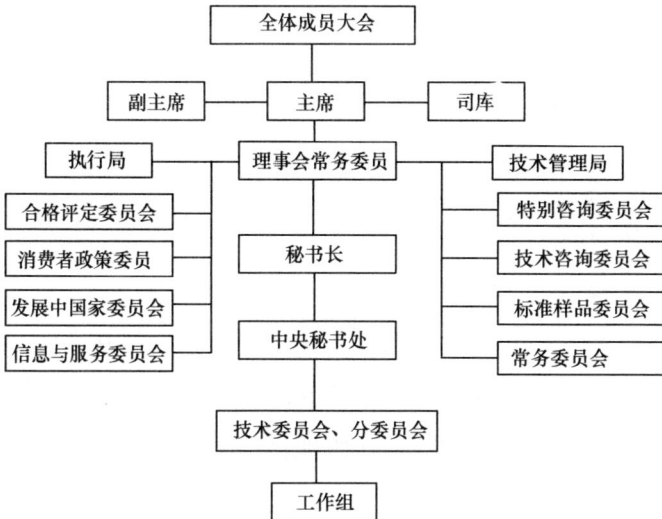

图 5 - 1　ISO 组织机构

对于上述组织机构作如下说明。

（1）全体成员大会

全体成员大会由官员和各成员团体指定的代表组成，是 ISO 的最高权力机构。通信成员和捐助成员可以观察员身份参加全体大会。每三年召开一次，其议事日程包括 ISO 年度报告、ISO 有关财政和战略规划报告、司库关于中央秘书处的财政状况报告。全体成员大会由主席主持。1999 年 10 月 20 日至 22 日第 22 届 ISO 大会在中国北京召开，有 96 个国家、10 个国际组织的 400 名代表参加了大会。

（2）理事会常务委员会（CSC）

理事会主要由正、副主席、司库和 18 个理事国代表组成，负责 ISO 的日常运行，是 ISO 常务领导机构，理事会下设政策制定委员会、理事会常务委员会、技术管理局、特别顾问咨询组以及其他若干专门委员会。理事会任命司库、12 个技术管理局的成员、政策发展委员会的主席，并决定中央秘书处每年的预算。

（3）中央秘书处

中央秘书处是 ISO 所有组织机构的秘书处。中央秘书处现有 170 名职员，由秘书长领导。担任日常行政事务，由秘书长领导中央秘书处工作，负责 ISO 技术工作的计划、协调、对各技术组织的工作进行指导，编辑出版 ISO 标准文件及各种出版物，并代表 ISO 与其他国际机构和组织联系。

（4）政策发展委员会（PDC）

政策发展委员会是全体大会的顾问委员会，负责 ISO 的发展战略和政策，并管理以下四个专门委员会。

合格评定委员会（CASCO）　合格评定委员会成立于 1970 年，原名为认证委员会（CERTICO），主要任务有按照标准或技术规范，研究对产品的质量及其加工工序，制订有关产品认证、质量体系认证、实验室认可和审核员注册等方面的准则；负责研究协调各国和地区的质量体系、产品质量的合格认证及标志制度。

消费者政策委员会（COPOLCO）　消费者政策委员会成立于 1978 年，其主要任务是研究那些非洲获得标准化效益以促进消费者参加国家及国际标准化活动；负责研究消费者的要求，并反映到各技术组织，以维护消费者利益；主要制订指导消费者利用标准保护自身利益的指南；消费者协会办有刊物《消费者公报》，及时报道世界各国开展消费者标准化工作的消息。

发展中国家委员会（DEVCO）　发展中国家委员会成立于 1961 年，主要任务是：在标准化活动及其有关方面（如质量控制、计算、认证等）考虑发展中国家的需要和要求，提出满足这些要求的方法；加强与发展中国家的联系并协助其开展标准化研究活动，在发展中国家比较集中的地区派驻联络员；这项工作应与联合国专门机构密切联系，帮助发展中国家推进标准化工作。

信息与服务委员会（INECO）　该委员会成立于 1969 年，它是 ISO 信息网站的全体大会，负责研究标准化情报交流的方法和措施，并促进 ISO 情报网（ISONET）的建设。同时在标准及有关信息的分类、检索及加工方面提出共同体系的建议；鼓励在各个信息中心及整个信息网中使用 ISO 标准。

（5）技术委员会（TC）

ISO 技术工作是高度分散的，由 185 个技术委员会（TC）、611 个分技术委员会（SC）、2 022 个工作组（WG）以及 38 个特别工作组来承担。TC 和 SC 的成员可以分为积极参加成员（P 成员）和观察员（O 成员）两种。在这些委员会中，世界范围内的工业界代表、研究机构、政府权威、消费团体和国际组织都作为对等合作者共同讨论全球的标准化问题。管理一个技术委员会的主要责任由一个 ISO 成员团体（诸如 AFNOR、ANSI、BSI、CSBTS、DIN、SIS 等）担任，该成员团体负责日常秘书工作，并指定一至二人具体负责技术和管理工作，委员会主席协助成员达成一致意见。每个成员团体都可参加它所感兴趣的课题的委员会。与 ISO 有联系的国际组织、政府或非政府组织都可参与工作。

具体技术委员会构成如下：

JTC1／SGFS　　　标准化特别工作组

JTC1／SC1　　　　词汇

JTC1／SC2　　　　编码字符集

JTC1／SC6　　　　系统间的通信与信息交换

JTC1／SC7　　　　软件工程

JTC1／SC11　　　数字数据交换的软磁介质

JTC1／SC14　　　数据元原理

JTC1／SC17　　　识别卡和相关设备

JTC1／SC18　　　文本处理和相关通信

JTC1／SC21　　　开放系统互连、数据管理和开放分配处理

JTC1／SC22　　　编程语言、环境和系统软件接口

JTC1／SC23　　　应用于信息交换的盒式光盘机

JTC1／SC24　　　计算机的图象处理

JTC1／SC25　　　信息技术设备的互连

JTC1／SC26　　　微处理器系统

JTC1／SC27　　　安全技术

JTC1／SC28　　　办公设备

JTC1/SC29　　　　声音、图片、多媒体和超媒体信息的编码

JTC1/SC30　　　　开放电子数据交换

JTC1/SC31　　　　自动识别和数据捕获系统

（6）技术管理局（TMB）

负责向理事会提交有关 ISO 的组织协调、战略政策以及技术工作的报告和建议等工作。

（7）特别咨询组

为了宣传 ISO 的宗旨和目标，ISO 主席可以在理事会的批准下邀请致力于国际标准化的组织的领导人作为 ISO 的对外执行领导，由他们来组成这个咨询组。

（8）技术咨询组

如果有需要，技术管理会将成立技术咨询组致力于为开展工作而提供部门或部门间的协调、整体政策和后台支持。

（9）标样委员会（REMCO）

标准样品委员会，也称标样委员会，成立于 1975 年，主要任务是制订 ISO 所使用的标准物质的类别、定义、等级和分类；确定各种标准物质的形式和结构；负责研究国际标准中采用标准样品事宜；在本职范围内处理与其他国家组织的关系并就此向理事会提出建议。

（10）常务委员会（财政和战略）

财政常务委员会主要负责为司库提供财政上的顾问，为理事会和秘书长对 ISO 所提供的服务价值评估等问题提供建议。战略常务委员会主要负责向理事会提出恰当的政策和战略事项，并提出相关意见，准备年度战略施行计划并每五年修订一次《ISO 战略计划》等工作。

3. ISO 的主要官员

主要官员设置：主席 1 人、副主席 1 人、秘书长 1 人、司库 1 人。处理日常事务的机构为秘书长所领导的中央秘书处；处理日常技术工作的为各个技术委员会的秘书处。

（1）ISO 主席

根据 ISO 章程，ISO 主席由全体成员大会选举产生，任期三年，不能连选

连任。ISO 主席一般都由各国经济界、实业界或标准化界的知名人士经过竞选担任，它是一个挂名职务，不负责具体事务。

（2）ISO 副主席

根据 ISO 章程，ISO 副主席由理事会选举产生，任期三年，不能连选连任。ISO 副主席主持执行局的会议，与秘书长配合密切，一般都是标准化界知名人士，而且对标准化活动比较熟悉的人才，由提名委员会推荐担任。

（3）ISO 秘书长

根据 ISO 章程，秘书长由理事会选举产生，无规定任期。秘书长是 ISO 专职的实际负责人，他领导的上百人的秘书处组织着 ISO 全部工作的运转。例如三年一次的全体成员大会，一年一度的理事会，以及理事会的执行局会议，实际上都是由秘书长筹备和操持。

（4）ISO 司库

根据 ISO 章程，司库由理事会选举产生，任期三年。司库要就财务问题向理事会提供咨询，向理事会提供年度财务报告。在制定年度预算和管理财务方面，司库要向秘书长提供咨询。

四、ISO 发展与其标准体系

1. ISO 的发展

ISO 自从 1947 年 2 月 23 日正式开始工作以来，至今（2007 年）已经走过了 60 年的历程。ISO 也有自己的幼年、童年、少年时期，目前其发展已经日趋成熟，1947 年 ISO 刚成立时，只有 17 个成员团体，目前已有 150 个成员国。在第一个十年中，ISO 平均每年发布标准 4 个左右，第二个十年，年平均为 64 个；第三个十年，年平均 277 个，第四个十年，年平均为 335 个……现在，ISO 平均每年要增加三百多个标准，已经成为世界上最有影响的国际标准化组织。ISO 已制定国际标准 10 300 多个，涉及各行各业产品（包括服务产品、知识产品等）。在 1950 年，世界上技术权威曾预言，ISO 至少要制定 1 000 个国际标准才能适应国际贸易的需要。这个预言不到 20 年就被打破了。因为在 1969 年时，ISO 标准就已经达到了 1 210 个。现在 ISO 的标准数量已经远远地超过了原来的预言数量。

ISO 工作的发展不仅表现在标准的数量惊人地增长，同时也表现在工作领域的不断拓宽。20 世纪 80 年代初，ISO 曾发表第一期公报介绍说，"ISO 成立的第一个技术委员会是螺纹，第二个技术委员会是紧固件。因为那时这些行业是活动的中心。在 20 世纪 50 年代，那些标准化的先驱者们没有预见到，今天的 ISO 委员会要解决空气和水的污染、避孕、人类工效学、太阳能灯问题"。"而且不能想象，到 2000 年的时候，ISO 的活动范围将会包括一些今天谁也没有打算干的事情"。

事实正是如此，ISO 在其发展的前 20 年，是从原材料工业、机械加工工业和工程建筑等方面开始其工作的，工作侧重于有关名词术语、尺寸和试验方法等问题，即所谓传统的标准化领域。20 世纪 60 年代以后，由于世界各国经济建设和社会生活发展的需要，由于科学技术的飞速发展和全球经济一体化的需要，标准化活动的领域已大大扩展了。现在，ISO 的工作扩展到信息处理、交通运输、卫生与安全、环境保护、人类工效学、节约能源等方面。ISO 从 20 世纪 60 年代成立的货运集装箱标准化技术委员会（TC104），到 20 世纪 80 年代成立的信息处理系统技术委员会（TC97），期间经过了近半个世纪的发展，ISO 也逐渐走向了成熟。

2. ISO 的标准体系

为了适应技术、经济高速发展的需要，ISO 标准文件形成了一个家族，有自己的体系，具体包括以下方面。

（1）ISO 标准

按照协商一致的原则规定。国际标准草案（DIS）或最终国际标准草案（FDIS），经 75% 的 ISO 成员团体和技术委员会 P 成员依照 ISO/IEC 导则第一部分：技术工作程序予以通过，批准为国际标准，由 ISO 中央秘书处出版。

（2）ISO/PAS

ISO/PAS 为 ISO 公用规范，是在工作组内达成一致的标准文件，具有和 ISO 国际标准同样的权威性。ISO 技术委员会（TC）和分委员会（SC）决定，将一个特定的工作项目制定为 ISO/PAS，并且往往是同时批准其新的工作项目（NP）。ISO/PAS 必须得到 TC 和 SC 中大多数 P 成员的赞成，并与现行国际标准不得有抵触。

（3）ISO/TS

即 ISO 技术规范，是在 ISO 技术委员会内达成一致的标准文件。TC 和 SC 决定将一个特定工作项目制定为技术规范，并且往往同时批准其为新工作项目。但 TC 和 SC 须得到 2/3 P 成员的支持。当委员会决定制定一项国际标准的支持票不够多时，可启动上述程序批准其作为技术规范出版。委员会的任何 P 成员或 A 级和 D 级联络机构可以建议，将现有的文采纳为 ISO/TS。

ISO/TS 代替了现有的第 1 类和第 2 类技术报告，只使用一种文字。只要不与现行国际标准相抵触，它可以提出不同的解决方案。ISO/TS 每三年复审一次，以便确认在接下来的三年内继续有效，或修订成国际标准，或予作废。六年后，技术规范必须转成国际标准，或予以作废。

（4）ISO/TR

ISO 技术报告，它只是提供信息的文件，通常包含了与标准文件不同类型的信息。当委员会收集信息以支持某项工作项目时，可以通过大多数 P 成员投票决定是否以技术报告的形式出版该信息。如有必要，ISO 秘书长在与技术管理机构商议后，决定是否将该文件作为技术报告出版。

3. ISO 标准的形成过程

一个国际标准是 ISO 成员团体达成共识的结果。它可能被各个国家等同或等效采用而成为该国的国家标准。

国际标准由技术委员会（TC）和分技术委员会（SC）经过六个阶段形成。

第一阶段　　申请阶段
第二阶段　　预备阶段
第三阶段　　委员会阶段
第四阶段　　审查阶段
第五阶段　　批准阶段
第六阶段　　发布阶段

若在第一阶段得到的文件比较成熟，则可省略其中的一些阶段。例如某标准文本是由 ISO 认可的其他国际标准化团体所起草，则可直接提交批准，而无须经历前几个阶段。

五、ISO 标准的制订程序

1. 确定新的工作项目

国家技术委员会可提出建立新工作项目的建立，ISO/TC176 的所有任务都登记在 ISO 的年度报告上。

2. 制定建议草案

工作组制定出标准的建议草案，并汇同专家，提交所有文件（工作组文件，WD）。

3. 委员会批准草案

在对 ISO/CD 草案进行投票时，各 P 成员国的委员有权对草案投票表决。

ISO/TC176 共有 50 个 P 成员国，其中 2/3 的成员国投票时，表明该标准草案被批准。被批准的草案称为委员会文件（ISO/CD）。

4. 投票期限

ISO 成员对 ISO/CD 草案进行为期 6 个月的投票表决。

由 ISO 的所有成员对提交的 ISO/CD 草案进行投票。

投票采取各国听证、投票的方式，由各国委员会公开发表对标准草案的意见。投票表决批准的草案称为 ISO 国际标准草案（ISO/DIS 草案）。

各国委员会将向 ISO/TC176 给出正式复审意见。

如果所提意见使草案有了重大修改，应进行重新投票。

5. ISO 标准的发布

投票结束，由 TC176 中相关的工作组完成对标准的编辑，最后，在日内瓦用英语印刷并出版。

6. 标准其他语种版本的出版

各国的委员会将负责把国际标准翻译成本国语言，并进行编号。然后作为国家标准发布。有必要强调，欧共体或欧洲自由贸易联盟的 18 个成员国在采用 ISO9000 族国际标准时采取了以下措施。

①用标准来代替强制性的技术文件；

②各成员国有权使用 EN 标准；

③所有成员国必须在相同的时间内得到相应的欧洲标准（欧洲标准 = EN = ISO 标准）；

④采用与 ISO 标准相同的编号，"EN" 将作为编号的组成部成。

技术报告主要有三类：

第 1 类：原定作为标准但未获通过的文件；

第 2 类：用来表述特定领域的标准化方向，或者在某些情况下作为试行标准；

第 3 类：仅用于提供信息。

将来的 ISO/TR 仅指提供信息的文件（即第 3 类）。第 1 类和第 2 类技术报告，则作为 ISO/TS 出版。

第二节　国际电信联盟（ITU）

一、ITU 的历史

国际电信联盟（ITU）是世界各国政府的电信主管部门之间协调电信事务方面的一个国际组织，成立于 1865 年 5 月 17 日，当时为了顺利实现国家电报通信，来自法国、德国、俄国等 20 个国家的代表在巴黎签订了一个"国际电信公约"，决定成立"国际电报联盟"。随后国际电报事务不断扩大，1906 年有 27 个国家代表在柏林签订了一个"国际无线电报公约"，1924 年在巴黎成立了国际电话咨询委员会，1925 年成立了国际电报咨询委员会，1927 年在华盛顿成立了国际无线电咨询委员会。后来到了 1932 年，来自 70 多个国家或地区的代表聚会于西班牙马德里，决定把上述两个公约合并为一个"国际电信公约"，并将电报、电话、无线电咨询委员会改为"国际电信联盟"，此名一直沿用至现在。

ITU 现有 189 个成员国，总部设在日内瓦，我国由信息产业部派常驻代表。ITU 使用五种正式语言，即汉语、法语、英语、西班牙语、俄语、阿拉伯语，出版正式文件用这五种文字，工作语言为英语、法语、西班牙语三种。

1947 年，经联合国同意，国际电信联盟成为联合国的 15 个专门机构之一，但在法律上不是联合国附属机构，它的决议和活动不需联合国批准，但每年要向联合国提出工作报告，联合国办理电信业务的部门可以以顾问身份参加 ITU 的一切大会。

ITU 的宗旨是维持和扩大国际合作，以改进和合理地使用电信资源；促进技术设施的发展及其有效地运用，以提高电信业务的效率，扩大技术设施的用途，并尽量使公众普遍利用；协调各国行动，以达到上述的目的。

ITU 的原组织有全权代表大会、行政大会、行政理事会，四个常设机构是：总秘书处、国际电报电话咨询委员会（CCITT）、国际无线电咨询委员会（CCIR）、国际频率登记委员会（IFRB）。CCITT 和 CCIR 在 ITU 常设机构中占有很重要的地位，随着技术的进步，各种新技术、新业务不断涌现，它们相互渗透，相互交叉，已不再有明显的界限。如果 CCITT 和 CCIR 仍按原来的业务范围分工和划分研究组，已经不能准确地反映电信技术的发展现状和客观要求。1993 年 3 月 1 日 ITU 第一次世界电信标准大会（WTSC – 93）在芬兰首都赫尔辛基隆重召开。这是继 1992 年 12 月 ITU 全权代表大会之后的又一次重要大会。ITU 的改革首先从机构上进行，对原有的三个机构 CCITT、CCIR、IFRB 进行了改组，取而代之的是电信标准部门（TSS，即 ITU – T）、无线电通信部门（RS，即 ITU – R）和电信发展部门（TDS，即 ITU – D）。这在 ITU 历史上具有重要意义，它标志着 ITU 新机构的诞生。

二、ITU 高级管理人员

现任国际电信联盟秘书长为 Yoshio Utsumi（日本），副秘书长为 Roberto Blois（巴西），无线电通信局（BR）主任为 Robert W·Jones（加拿大），电信发展局（BDT）主任为 Hamadoun Toure（马里），电信标准局（TSB）主任为 Houlin Zhao（中国，赵厚林）。

三、ITU 的组织结构图

ITU 的组织结构如图 5 – 2　所示，下设电信标准化部门（ITU – R）、无线电通信部门（ITU – T）和电信发展部门（ITU – D），以下分别进行介绍。

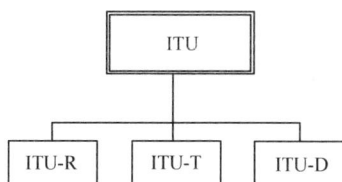

图 5 - 2　ITU 组织结构

1. 电信标准化部门（TSS，或称 ITU - T）

目前电信标准部设有 14 个研究组，分别从事：①网络和业务运营；②电信经济和政策在内的资费和结算原则；③电信管理网和网络维护；④对电磁环境影响的保护；⑤外部设备、数据网和开放系统通信；⑥远程信息处理系统的特性；⑦电视和声音传输；⑧电信系统的语言和一般的软件问题；⑨信令要求和规约；⑩网络和终端的端对端传输特性；⑪网络总体方面；⑫传送网络；⑬系统和设备；⑭多媒体业务和系统等方面的研究。

2. 无线电通信部门（RS，或称 ITU - R）

目前无线电通信部设有 7 个研究组，分别从事：①频谱管理和业务间共用与兼容；②无线电波传播；③固定卫星业务；④科学业务；⑤移动业务；⑥固定业务；⑦声音广播和电视广播等方面的研究。

3. 电信发展部门（TDS，或称 ITU - D）

电信发展部门由原来的电信发展局（BDT）和电信发展中心（CDT）合并而成。其职责是鼓励发展中国家参与电联的研究工作，组织召开技术研讨会，使发展中国家了解电联的工作，尽快应用电联的研究成果；鼓励国际合作，向发展中国家提供技术援助，在发展中国家建设和完善通信网。

ITU - D 设立了两个研究组：电信发展政策和策略研究组以及电信业务和网络的发展和管理研究组。2002—2006 年研究期间，这两个研究组的研究课题分别是：①互连；②通用接入/业务；③电信、广播和信息技术融合的影响；④决定国家电信业务成本（包括频谱）的资费政策、资费模型和方法；⑤发展中国家的卫星管理；⑥国家电信管理机构对电信法律法规的国内执行；⑦发展中国家 IP 电话的实施和①发展中国家对电信标准化部门和无线电通信部门研究组特别关注的研究课题；②边远地区通信；③数字广播技术和系统的检测，包括成本/利益分析、数字集群系统与现有模拟网络的互操作性、以及从模拟集群技术到数字技术的迁移方法；④传统铜线电缆上宽带通信的检测，把技术、系统以及应用的特点方面考虑进去；⑤电信在卫生保健方面的应用；⑥ITU 在电子商务活动方面的进步；⑦世界上电子业务/电子应用活动的进步；⑧移动网络到 IMT－2000 及后 IMT－2000 的迁移政策；⑨从电路交换网到分组交换网的迁移政策；⑩宽带通信接入技术的检测；⑪推动发展中国家中的医疗卫生事业中通信的应用；⑫频率费用的计算。

1998 年国际电联全权大会再次就其改革与发展展开讨论，并决定采取一系列措施，广泛听取意见，成立专门的工作组进行研究。ITU 改革工作组已于 1999 年 12 月 15—17 日、2000 年 4 月 3—7 日分别举行第一、第二次会议。

国际电信联盟为提高技术标准的质量，增强其及时性和预见性，在2000—2004 年研究期间建立了试验性热点专题小组，就某一专题进行 9～12 个月的研究。此外由于很多研究热点涉及多个研究组，为有利于这些研究热点的平衡发展，确保所制订标准的一致性、完整性、及时性，ITU 还成立了若干个牵头研究组。

ITU 成员由各国电信主管部门组成，同时也欢迎那些经过主管部门批准、ITU 认可的私营电信机构、工业和科学组织、金融机构、开发机构和从事电信的实体参与电联活动。

ITU 每年召开 1 次理事会；每 4 年召开 1 次全权代表大会、世界电信标准大会和世界电信发展大会；每 2 年召开 1 次世界无线电通信大会。

四、ITU 标准编号体系

1. ITU－R 的标准编号体系

XX YY（MM/YY）

XX：系列标识（具体系列标识符号及内容见表 5－1 所示）

YY：建议号码

MM/YY：批准日期

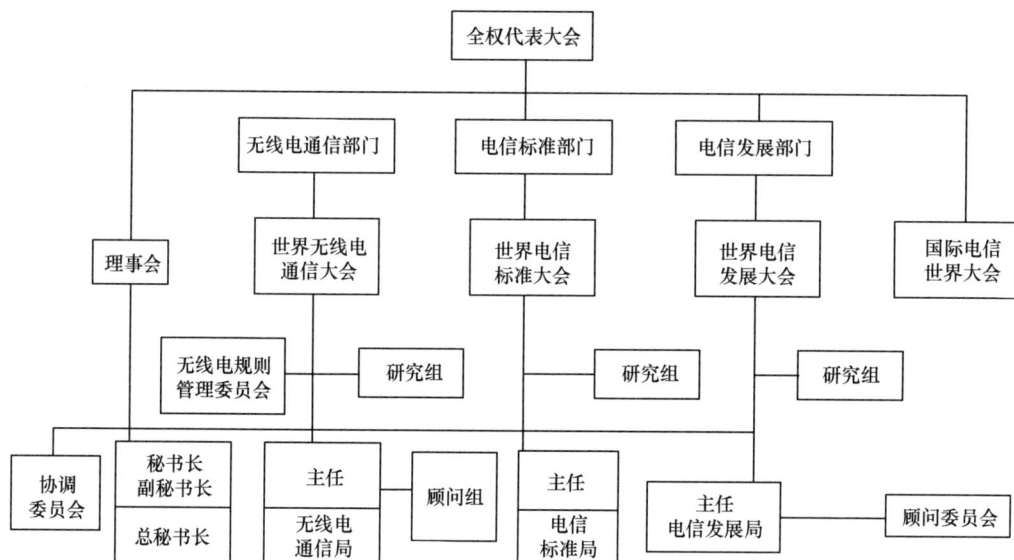

图 5 - 3 ITU 机构结构

表 5 - 1 ITU - R 标准编号系列标识符号及其内容涵义

系列	内容
BO	卫星传输
BR	录音制作、用完后归档、用于电视的电影
BS	广播业务（声音）
BT	广播业务（电视）
F	固定业务
M	移动、无线电测定、业务爱好者及相关卫星业务
P	无线电波传播
PI	电离媒体中的传播
RA	射电天文
S	固定卫星业务
SA	空间应用和气象学
SF	在固定卫星业务与固定业务系统之间的频率共享和协调
SM	频谱管理
SNG	卫星新闻采集
TF	时间信号和频率标准的发射
V	词汇和相关主题

2. ITU－T 的标准编号体系

XX. YYYY（MM/YY）

XX：系列标识（具体标识符号及其内容涵义见表 5－2 所示）

YYYY：建议号码

MM/YY：批准日期

表 5－2　ITU－T 标准编号系列标识符号及其内容涵义

系列	内容
A 系列	ITU－T 工作的组织
B 系列	表示方法：定义、符号、分类
C 系列	一般电信统计
D 系列	一般资费原则
E 系列	网路运营、电话业务、业务运营和人为因素
F 系列	非话电信业务
G 系列	传输系统和媒体、数字系统和网络
H 系列	视听和多媒体系统
I 系列	综合业务数字网
J 系列	有限网络和电视、声音节目及其他多媒体信号的传输
K 系列	对干扰的防护
L 系列	电缆及外线设备其他部件的结构、安装和防护
N 系列	包括 TMN 和网络维护的电信网管理
O 系列	维护：国际声音节目和电视传输电路
P 系列	测量设备技术规范
Q 系列	电话传输质量、电话安装、本地网
R 系列	交换和信令
S 系列	电报传输
T 系列	电报业务终端设备
U 系列	远程信息处理业务终端
V 系列	电报交换
W 系列	电话网上的数据通信
X 系列	数据网、开放系统通信和安全性
Y 系列	全球信息基础设施、IP 网和下一代网络
Z 系列	电信系统的语言和通用软件方面

第三节　国际电工委员会（IEC）

国际电工委员会（International Electrotechnical Commission，IEC）成立于1906年，是世界上最早的国际性标准化机构。其宗旨是促进电气、电子工程领域中标准化及有关方面问题的国际合作。为达到这一目的，出版以国际标准为主的各种出版物，并希望各成员国在本国条件允许的情况下，尽可能采用这些国际标准。IEC 的工作领域包括电工领域各个方面，如电力、电子、电讯和原子能方面的电工技术等。会址在日内瓦，其经费来源和工作语言与 ISO相同。

一、IEC 的起源

随着电工技术和电工产品国际贸易的发展，在国际范围内统一电工标准的重要性逐渐为人们所认识。19 世纪末，在几次国际电工会议上专家们提出了建立国际电工标准化永久性组织的建议。1904 年，一些国家的政府代表团在美国圣路易斯举行的国际电气会议上通过了关于成立永久性组织的决议。1906 年 6 月，在有澳大利亚、比利时、加拿大、法国、德国、匈牙利、意大利、日本、荷兰、西班牙、瑞士、英国、美国等 13 个国家的代表参加的伦敦会议上正式成立了国际电工委员会（IEC）。1908 年在伦敦召开了第一届理事会，通过了 IEC 的第一个章程。著名的电工科学家凯尔文当选为第一任主席。

凡申请参加 IEC 的国家，应先在国内成立国家电工委员会，当被接纳为成员国后，这个委员会便称为 IEC 国家委员会，一个国家只能有一个 IEC 国家委员会。

自 1947 年 ISO 成立后，IEC 曾作为一个电工部并入 ISO，但在技术上和财务上仍保持独立。1976 年双方又达成新协议，两组织各自独立，自愿合作，互为补充，共同建立国际标准化体系，IEC 负责有关电气工程及电子领域国际标准化工作，其他领域则由 ISO 负责。

我国 1957 年参加 IEC，1988 年起改为以国家技术监督局的名义参加 IEC 的工作。现在以中国国家标准化管理局（SAC）的名义参加 ISO 的工作。目前，我国是 IEC 理事局、执委会和合格评定局的成员。1990 年我国在北京承办了 IEC 第 54 届年会，2002 年 10 月我国还在北京承办了 IEC 第 66 届年会。

二、IEC 的组织机构

IEC 的最高权力机构是理事会。目前有 53 个成员国，称为 IEC 国家委员会，每个国家只能有一个机构作为其成员。每个成员国都是理事会成员，理事会会议一年一次，称为 IEC 年会，轮流在各个成员国召开。理事会主要官员由现任主席和前任主席、现任副主席、司库、秘书长及各国家委员会代表组成。

执行委员会处理理事会交办的事项。成员由 IEC 现任主席、前任主席、副主席和理事会选出的 12 个执委会成员组成。每两年改选其中的 1/3 成员，任期 6 年。IEC 的技术工作由执委会（CA）负责。执委会为了提高工作效率，分为 A、B、C 三个组，分别在不同领域同时处理标准制订工作中的协调问题。IEC 目前有 104 个技术委员会、143 个分技术委员会。我国于 1957 年成为 IEC 的执委会成员。

IEC 设有三个认证委员会，一个是电子元器件质量评定委员会（IECQ）、一个是电子安全认证委员会（IECEE）、一个是防爆电气认证委员会（IEC-EX）。为了统一制订有关认证准则，IEC 还于 1996 年成立了合格评定委员会（CAB），负责制订包括体系认证工作在内的一系列认证和认可准则。

三、相关的技术委员会

IEC 与通信有关的技术委员会主要有：TC1 名词术语；TC3 文件编制和图形号；TC12 无线电通信；TC46 通信和信号传输用电缆、电线、波导、RF 连接器和附件；CISPR 无线电干扰特别委员会；TC77 电器设备（包括网络）之间的电磁兼容性；TC92 音频、视频和类似电子设备的安全；TC100 音频、视频和多媒体系统与设备；TC102 用于移动业务和卫星通信系统设备；TC103 无线电通信的发射设备；JTC1/SC25 信息技术设备的互连；JTC1/SC6 系统之间的信息交换与通信。

IEC 对于电磁兼容方面的国际标准化活动有着特别重要的作用。承担研究工作的主要是电磁兼容咨询委员会（ACEC）、无线电干扰特别委员会（CIS-PR）和 TC77。随着电子技术的飞速发展，IEC 拟在电磁兼容方面开展认证工作。

第四节 电气和电子工程师协会（IEEE）

一、IEEE 概述

IEEE 的前身 AIEE（美国电气工程师协会）和 IRE（无线电工程师协会），成立于 1884 年。1963 年 1 月 1 日 AIEE 和 IRE 正式合并为 IEEE。

自成立以来 IEEE 一直致力于推动电工技术在理论方面的发展和应用方面的进步。作为科技革新的催化剂，IEEE 通过在广泛领域的活动规划和服务支持其成员的需要。

IEEE 是一个非营利性科技学会，拥有全球近 175 个国家的 36 万多名会员。透过多元化的会员，该组织在太空、计算机、电信、生物医学、电力及消费性电子产品等领域中都是主要的权威。在电气及电子工程、计算机及控制技术领域中，IEEE 发表的文献在全球占将近 30%。IEEE 每年也会主办或协办 300 项技术会议。

IEEE 会员可享受以下优惠待遇：成为 IEEE 37 个专业学会之一或多个学会的会员，成为 IEEE 四个电子电气和信息技术技术委员会的会员；全球共有 300 多个地区组织，会员可以相互沟通信息共享；为工程师提供教育培训机会，确保其技术生命力；全球共有 1 150 个大学分支机构；支持美国会员利益，支持妇女参与电子电气工程；会员独享的特殊成本节省和增值益处；对会员的技术和专业成就给予认可并颁奖；参与、领导或志愿协助 IEEE 各种活动中的机会；通过网络服务和 IEEE 之间进行电子商务。

二、IEEE 的组织结构

IEEE 有着严密的组织机构，由主席（首席执行官 CEO）和执行委员会共同领导，每年选举一次。重大事项由理事会和代表大会进行决策，日常事务由执行委员会负责完成。具体说，IEEE 目前在 10 个地区设有 311 个地方分会，大约有 1 570 个由技术专业相似的当地成员组成的分部，并有 5 个团体、5 个技术委员会和 39 个协会，覆盖了 10 个技术行业。同时在 80 个国家的院校有 1 430 多个学生分支组成了 356 个学生分支机构，其组织机构如图 5 - 4 所示。

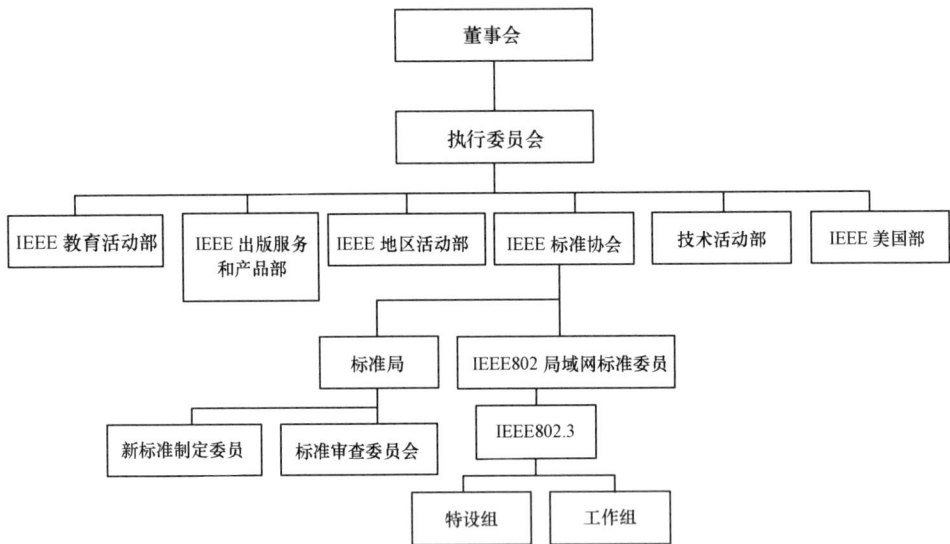

图 5 - 4　IEEE 组织机构

5 个团体分别是：新技术指导委员会、新兴技术/技术主题、标准工作组、IEEE 女性工程师（WIE）和在线团体/技术协作。

5 个技术委员会分别是：IEEE 电子设计自动化委员会、IEEE 超导委员会、IEEE 纳米技术委员会、IEEE 传感器委员会、IEEE 系统委员会。

39 个协会分别是：IEEE 航空航天与电子系统协会；IEEE 天线与传播协会；IEEE 广播技术协会；IEEE 电路与系统协会；IEEE 通信协会；IEEE 器件封装和制造技术协会；IEEE 计算机智能协会；IEEE 计算机协会；IEEE 消费

电子协会；IEEE 控制系统协会；IEEE 电介质和电绝缘体协会；IEEE 教育协会；IEEE 电磁兼容性协会；IEEE 电子设备协会；IEEE 工程管理协会；IEEE 医药和生物工程协会；IEEE 地球科学与遥感协会；IEEE 工业电子协会；IEEE 工业应用协会；IEEE 信息理论协会；IEEE 智能运输系统协会；IEEE 仪器与测量协会；IEEE 激光与电子光学协会；IEEE 磁学协会；IEEE 微波理论与技术协会；IEEE 原子与离子科学协会；IEEE 海洋工程协会；IEEE 电力电子协会；IEEE 电力工程协会；IEEE 产品安全工程协会；IEEE 专业通信协会；IEEE 可靠性协会；IEEE 机器人与自动化协会；IEEE 信号处理协会；IEEE 技术社会学协会；IEEE 固态电路协会；IEEE 系统、人与自动化协会；IEEE 超声波、铁电体和频率控制协会；IEEE 车辆技术协会。

三、IEEE 标准制定

IEEE 的标准在目前处于科技发展的领先水平，今天的许多技术都是基于这些标准之上的。来自于各个相关成员或协会为标准的制定提供了开放的过程和应用环境，在这个环境下经过相关部门协作开发形成了 IEEE 标准。这些标准集中在传统的和新兴的技术领域，特别是电信通讯、信息技术和动力发电等。

作为全球最大的专业学术组织，IEEE 非常重视标准的制定工作。IEEE 专门设有 IEEE 标准协会 IEEE – SA（IEEE Standard Association），负责标准化工作。IEEE – SA 下设标准局，标准局下又设置两个分委员会，即新标准制定委员会（New Standards Committees）和标准审查委员会（Standards Review Committees）。IEEE 的标准制定内容包括电气与电子设备、试验方法、原器件、符号、定义以及测试方法等多个领域。

IEEE 现有 42 个主持标准化工作的专业学会或者委员会。为了获得主持标准化工作的资格，每个专业学会必须向 IEEE – SA 提交一份文件，描述该学会选择候选建议提交给 IEEE – SA 的过程和用来监督工作组的方法。当前有 18 个学会正在积极地制定标准，每个学会又会根据自身领域设立若干个委员会进行实际标准的制定。

新标准制定委员会的职能是负责推荐属于 IEEE 专业学会所属域内的各种

新的标准，并将经过推荐的新标准课题提交给其所属修正技术委员会（Correct Technical Committees）和新标准课题编制工作组，然后将其编制成项目授权申请书（Project Authorization Requests，PAR）推荐到 IEEE – SA 大会审核。在 IEEE – SA 中将进一步评审、修改推荐的新标准课题，以确保 IEEE 成员评审的一致通过。最后，将修改完成的新标准课题返回标准局颁布。

　　通常，一个 IEEE 标准通过流程如下：首先从发起人提出标准课题，接着形成由发起人组成的研究组，由此研究组向新标准制定委员会提交项目授权申请书并申请批准；依据该委员会批准的项目授权申请书，组织对此课题有兴趣的专家工作组进行审议，推荐的项目授权申请书原则上应在四年内完成。一旦标准草案起草完成，则先后经工作组、研究组两次无记名投票表决。若两次投票表决同意者均超过 75%，则标准草案获得通过，经 IEEE – SA 最后批准后，便可形成正式标准发布。

　　此外，IEEE 还有自己的出版物，包括《IEEE 学报》（月刊）、《IEEE 杂志》（月刊）、《IEEE 综论》（月刊）、《IEEE 指南》（每年出版一次）；还有 800 多种已经颁发或正在制订的各种标准；各专业分学会还出版各种期刊杂志和会议论文集。

第五节　美国国家标准学会（ANSI）

　　美国国家标准学会（American National Standards Institute，ANSI）成立于 1918 年。当时，美国的许多企业和专业技术团体，已开始了标准化工作，但因彼此间没有协调，存在不少矛盾和问题。为了进一步提高效率，数百个科技学会、协会组织和团体，均认为有必要成立一个专门的标准化机构，并制订统一的通用标准。1918 年，美国材料试验协会（ASTM）、与美国机械工程师协会（ASME）、美国矿业与冶金工程师协会（ASMME）、美国土木工程师协会（ASCE）、美国电气工程师协会（AIEE）等组织，共同成立了美国工程标准委员会（AESC）。美国政府的三个部（商务部、陆军部、海军部）也参与了该委员会的筹备工作。1928 年，美国工程标准委员会改组为美国标准协会（ASA）。致力于国际标准化事业和消费品方面的标准化，1966 年 8 月，又改组为美利坚合众国标准学会（USASI）。1969 年 10 月 6 日改成现名，美国国家标准学会（ANSI）。

一、成员情况

美国国家标准学会是非赢利性质的民间标准化团体。但它实际上已成为国家标准化中心，各界标准化活动都围绕着它进行。通过它，使政府有关系统和民间系统相互配合，起到了联邦政府和民间标准化系统之间的桥梁作用。它协调并指导全国标准化活动，给标准制订、研究和使用单位以帮助，提供国内外标准化情报。它又起着行政管理机关的作用。

ANSI 现有工业学、协会等团体会员约 200 个，公司（企业）会员约 1 400 个。其经费来源于会费和标准资料销售收入，无政府基金。领导机构是由主席、副主席及 50 名高级业务代表组成的董事会，行使领导权。董事会闭会期间，由执行委员会行使职权，执行委员会下设标准评审委员会，由 15 人组成。总部设在纽约，卫星办公室设在华盛顿。ANSI 下设四个委员会：学术委员会、董事会、成员议会和秘书处。

美国国家标准局（NBS）的工作人员和美国政府的其他许多机构的官方代表也通过各种途径来参与美国标准学会的工作。

美国标准学会下设电工、建筑、日用品、制图、材料试验等各种技术委员会。

二、工作程序和标准制定

由于美国社会的多元性和自由化状态，形成了美国独特的分散化标准体制，除各企业、公司制订标准之外，尚有近 400 个专业机构和学会、协会团体制订和发布各自专业领域的标准，而参加标准化活动的则有 580 多个组织。其企业标准化工作亦开始较早，而且颇有成效。随着企业的不断扩大，企业管理的标准化机构也不断扩大。有的标准化机构属于经理部领导，有的则属设计单位领导或工艺单位领导。企业标准一般不对外。仅 1996 年一年，标准增加了 4%，总数达 13 056。

美国国家标准学会本身很少制订标准。其 ANSI 标准的编制，主要采取以下三种方式。

1. 投票调查

由有关单位负责草拟，邀请专家或专业团体投票，将结果报 ANSI 设立的标准评审会审议批准。

2. 委员会投票

由 ANSI 的技术委员会和其他机构组织的委员会的代表拟订标准草案，全体委员投票表决，最后由标准评审会审核批准。

3. 最终审核

从各专业学会、协会团体制订的标准中，将其较成熟的，而且对于全国普遍具有重要意义的，经 ANSI 各技术委员会审核后，提升为国家标准（AN-SI）并冠以 ANSI 标准代号及分类号，但同时保留原专业标准代号。

美国国家标准学会的标准，绝大多数来自各专业标准。另一方面，各专业学会、协会团体也可依据已有的国家标准制订某些产品标准。当然，也可不按国家标准来制订自己的协会标准。ANSI 的标准是自愿采用的。美国认为，强制性标准可能限制生产率的提高。但被法律引用和政府部门制订的标准，一般属强制性标准。

三、组织机构

ANSI 由执行董事会领导，下设四个委员会：学术委员会、董事会、成员议会和秘书处。

学术委员会包括执行标准会议、国际技术委员会、专利组、标准和数据业务委员会、授权委员会、美国国家委员会等。

董事会由执行委员会、财政委员会、董事会和合格评定委员会、国际委员会和国家出版委员会组成。

成员议会包括公司成员议会、政府成员议会、组织成员议会和消费者权益议会。

秘书处由高级主管、标准出版处和管理执行处组成。

由于 ANSI 在通信方面的标准一般都是委托 TIA 进行制订，因此有必要对 TIA 进行简要的介绍。

四、美国通信工业协会（TIA）

美国通信工业协会（TIA），是一个全方位的服务性国家贸易组织。其成员包括为美国和世界各地提供通信和信息技术产品、系统和专业技术服务的 900 余家大小公司，本协会成员有能力制造供应现代通信网中应用的所有产品。此外，TIA 还有一个分支机构——多媒体通信协会（MMTA）。TIA 还与美国电子工业协会（EIA）有着广泛而密切的联系。

1. TIA 的任务

TIA 寻求为其成员提供一个论坛，以便成员讨论问题，交流信息。TIA 还积极代表其成员——通信和信息技术产品的制造商和供应商在公共政策和国际事务中对成员感兴趣的问题发表看法。TIA 积极支持经济的繁荣，力求技术的进步，通过提高通信的现代化程度来改善人类生存环境。

2. TIA 的历史

1924 年，一些电话网络供应商组织在一起，打算举办一个工业贸易展览。后来，它就渐渐演变成为美国独立电话联盟委员会。1979 年，该委员会分出一个独立的组织——美国电信供应商协会（USTSA），并成为世界上最主要的通信展览和研究论坛的组织者之一。1988 年 4 月，USTSA 与 EIA 的电信和信息技术组合并，形成了 TIA，而 EIA 是 1924 年以无线电制造商协会名义成立的一个组织。

3. TIA 的组织机构

TIA 是一个成员推动的组织。根据该组织的规定，在华盛顿选举出 35 个成员公司组成理事会，并根据以下工作事务成立了六个专门委员会：全球企业市场发展、全球网络市场、国际事务和公共政策、标准和技术、小型企业发展和市场业务。每个专门委员会由一个理事成员掌管。

4. TIA 的标准及技术委员会

TIA 是经过美国国家标准协会（ANSI）认可的，可制订各类通信产品标准的组织。它为自发工业标准的制订作出了重要贡献,大大促进了通信产品的贸易。TIA 的标准制订部门由五个分会组成。分别是用户室内设备分会、网络设备分会、无线设备分会、光纤通信分会和卫星通信分会。

（1）用户室内设备分会（UPED）

本分会主要围绕联邦通信委员会（FCC）用户室内设备的性能和安全的有关法规进行工作。与 UPED 合格评定活动紧密联系的是国际间检验结果互认协议（MRAs）的签订。UPED 还代表通信工业界参加北美自由贸易协定（NAFTA）。它支持的技术委员会包括：TR－29（传真系统和设备）和 TR－30（数据传输系统和设备），主要负责数据、传真协议方面的标准；TR－32（个人无线电设备）主要负责用户产品的标准，如无绳电话；TR－41（用户室内通信要求）随着新的分委员会的成立而不断扩大，包括 TR－41.10（专用网综合业务数字网，ISDN），根据美国的情况发展 X3S3.6 的工作，并与世界上的 ISO/IEC 组织 ISO/IEC/JTC1/SC6 合作制订专用 ISDN 的国际准；TR－41.8（商用、民用大楼分配系统）是一个最活跃分委员会,研究各类有关大楼布线系统的各种标准。

（2）网络设备分会

本分会的三个部门主要负责智能网、点对点微波和广播传输方面的技术问题。本分会委员会目前正在研究微波系统的通信用塔和障碍物的判定准则标准。由于目前诸如 NII、个人通信业务（PCS）和高清晰度电视（HDTV）的出现,对本分会和各部门形成了挑战。

（3）无线通信分会

本分会主要满足移动及车载双向无线设备制造商的需求和兴趣,是 TIA 中发展最快的分会。本分会中,目标主要集中于蜂窝移动系统的政策和技术事务。专用无线部主要负责用于工业、运输和政府部门的双向无线通信系统；新式 1800 部主要发展个人通信系统（PCS）；智能运输系统部主要满足智能运输系统（ITS）工业出现对通信的需求。最近成立了固定点对点部主要解决点对点微波通信的技术和政策问题。TR－8（移动和个人专用无线电标准）主要起草传统陆地无线电产品和系统的标准,包括应用于语音传输和数据传输两方面的产品。TR－45（公众移动和个人通信系统标准）起草蜂窝移动系统和

PCS 的性能、兼容性、互操作性和业务标准。TR－46（移动和个人通信）起草使用 1 900 MHz 频段的通信系统特有技术的有关标准。TR－14（点对点通信系统）主要负责 960 MHz 以上陆地固定无线电通信设备和系统有关的标准。

其中与 CDMA 通信标准关系最为密切的是 TR－45，它的下面包括 7 个子委员会，分别负责不同接口标准的制订，如 TR45.2 负责网络部分，TR45.4 负责 A 接口部分，TR45.5 负责空中接口部分等。

（4）光纤通信分会

本分会的主要目标是研究光纤通信技术的相关问题，包括与之相关的法规问题以及电话公司与电缆公司之间的竞争。本分会最近成立了光纤局域网部以发展局域网中光纤到桌边的应用。本分会的两个主要技术委员会是 FO－2（光纤通信系统）和 FO－6（光纤），FO－2 主要研究通信和多用途兼容性系统的标准，FO－6 主要研究光纤、连接器等光器件的标准化。150 余名专家和工程师每年开会两次，更新标准，讨论协调试验规程和程序，已起草了 120 余个试验程序和 50 余个规程文件。

（5）卫星通信分会（SCD）

TIA 成立卫星通信分会（SCD）以满足通信、可行性和频谱合理利用的需要。尤其从未来的国际通信现代化的角度来看，频谱分配、频谱管理和固定业务（FS）、固定卫星业务（FSS）的可行性要求越来越高。

卫星通信分会（SCD）成立后，其成员现在包括休斯公司、AT&T 实验室、北方电讯、爱立信、波音、阿尔卡特、贝尔、朗讯和摩托罗拉等。本分会包括两个部门：通信和可行性部（CIS）以及频谱、轨道利用部（SOUS）。SCD 及其部门每年开会四次。本分会主持 TR－34（卫星设备和系统委员会），包括两个分委员会 TR－34.1 和 TR－34.2。TR－34.1 主要负责异步转移模式（ATM）、ATM 业务量和阻塞控制、ATM 业务质量、数据协议、呼叫和连接管理以及移动卫星通信的空中接口。TR－34.2 主要负责有关频谱的问题，包括 2 GHz 的使用以及 FCC 分配规则，如 38~50 GHz 的分配规则、世界无线电大会（WRC）中美国的地位、同步地球轨道（GEO）Ka 波段许可证、非同步地球轨道卫星业务（NGSO/FSS）的分配和许可等。TIA 打算将 TR－34 及其分技术委员会成果提交给 ITU，同时从 1998 年开始与 ETSI 进行更加紧密的联系和合作。

5. 标准制订程序

TIA 根据协会工程指南的原则制定 TIA 标准项目或技术文件。在某些技术领域如果有制定新技术标准或技术文件的申请，可以先向 TIA 工程委员会或分委会提出，如提案得到支持且有一些成员愿意就此项目展开工作，工程委员会或分委会就以项目开始通知（PIN）的形式提交 TIA 批准。当项目被批准立项后，工程委员会及分委会将进一步开展工作以得出该项目的技术参数。当起草的标准或技术文件接近完成时，该工程委员会对草案文件进行传阅并举行投票，这次投票称为"委员会函审投票"，投票的目的是确定尚未解决的问题并在工程委员会或分委会达成共识。所有收到的意见都应得到解决。在这一阶段，标准不向公众公开。如果该标准将会成为美国国家标准，由工程委员会推荐的草案还将在工业界举行投票，这就是标准征求意见。在这一阶段，任何对标准感兴趣的组织都可以投票，一般是三种意见：同意、有意见但同意、有意见不同意。这些意见也将会在标准的修改中得到解决。当然，这种投票也可扩大到全球范围。当最后的文件草案得到工业界认同后，文件连同其投票的信息一同被提交到 TIA 执行委员会，如果标准将成为美国国家标准，同样的文件也应提交给美国国家标准化协会（ANSI）标准审查委员会（BSR）请求批准。TIA 执行委员会将审查标准投票信息及相关意见的解决情况，并且在得到 BSR 的批准后，该文件就可得到批准成为 TIA 标准发布了。

作为美国国家标准的文件，每五年应经过一次审查，以确保标准的有效性。在五年之内，标准也可能被重新颁布、修订或撤消。

第六节　欧洲电信标准化协会（ETSI）

欧洲电信标准协会（European Telecommunications Sdandards Institute，ET-SI）是欧洲地区性标准化组织，创建于 1988 年。其宗旨是为贯彻欧洲邮电管理委员会（CEPT）和欧共体委员会（CEC）确定的电信政策，满足市场各方面及管制部门的标准化需求，为实现开放、统一、竞争的欧洲电信市场而及时制订高质量的电信标准，以促进欧洲电信基础设施的融合；确保欧洲各电信网间互通；确保未来电信业务的统一；实现终端设备的相互兼容；实现电信产品的竞争和自由流通；为开放和建立新的泛欧电信网络和业务提供技术基础；并为世界电信标准的制订作出贡献。

一、会员

ETSI 对全社会开放，其成员来自管制机构、网络运营公司、设备厂商、研究机构，甚至用户。ETSI 成员分为四种：全权会员、准会员、观察员和顾问。各自的权利和业务由 ETSI 章程中给予确定。

ETSI 全权会员只赋予欧洲国家的电信公司和组织，凡自愿申请入会、按年收入比例向 ETSI 缴纳年费者，经全会批准均可成为全权会员。在 ETSI 标准的制订活动中，全权会员享有发言权、投票权和各项标准、技术报告等的使用权。为了平衡各国在 ETSI 的利益，ETSI 对各成员国投票采取加权计票方式。

ETSI 的准会员是为非欧洲国家电信组织或公司而设。希望成为 ETSI 准会员的组织或公司需要与 ETSI 签署正式协议，经全会批准方可。准会员可以自由参加会议，有发言权但无表决权，可享用与全权会员同样的文件。准会员支持 ETSI 标准作为世界电信标准的基础并尽可能采用 ETSI 标准，缴纳年费。

ETSI 的观察员只授予被邀请的电信组织的代表，目前有来自 17 个国际组织的 84 位观察员。顾问只授予欧共体和欧洲自由贸易协会的代表。

二、组织机构

ETSI 的机构由全会、常务委员会、技术委员会、特殊委员会、秘书处组成，如图 5 - 5 所示。

全会是 ETSI 的最高权力机构，每年至少召开两次会议。除全权会员外，准会员、观察员、咨询员和特邀贵宾都可以参加全会并发言，但不能投票。全会决定 ETSI 的所有政策和管理决策、选举产生大会主席和副主席、秘书长和副秘书长、通过 ETSI 章程及修改章程；通过各项决议；讨论接纳新成员；批准预算、决算；通过年度报告等。当决策发生分歧、需要大会投票表决时，

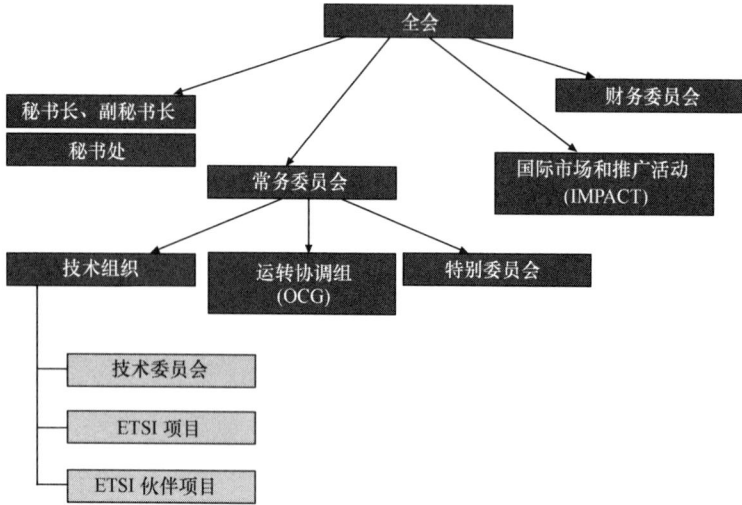

图 5-5　ETSI 组织机构

为平衡各国权益，ETSI 将各国参加的成员按照一定原则合并，每个国家选派代表进行投票。一般同意票需超过 71% 决议才能通过。

常务委员会受全会委托负责全会休会期间 ETSI 日常工作的正常运转，其主要工作是：就 ETSI 总的标准化策略向全会提出建议；定期对标准化程序的效率、时效性及质量等进行审议、修改；建议成立或终止技术委员会、分技术委员会，确定技术委员会、分技术委员会的工作计划并对其工作进度等进行检查；向全会提出应进行研究的项目，并根据全会的决定确定技术委员会应承担的工作；推荐或任命（只有一个候选人时）技术委员会主席和 ETSI 项目的负责人；建议并起草与其他机构之间合作的框架协议；决定内部财政计划，管理全会专款和其他组织的捐款；协调解决标准草案起草阶段出现的、各技术委员会不能解决的问题；向全会提交工作进展报告等。

秘书处是 ETSI 的常设机构，由全会任命其秘书长和副秘书长，秘书长是 ETSI 的法人代表。秘书处主要负责协助技术大会做好标准协调工作，包括欧洲以外国家和标准组织之间的协调和技术委员会、项目组之间的协调。

ETSI 技术委员会的设立是根据研究领域和研究内容来划分和确定的。技术委员会对标准的范畴进行划分、确定其准确的题目、委派专家起草标准草案。技术委员会下面再按专业设立分技术委员会进行对口研究。分技术委员会下再设项目组进行专项研究。各位专家以参加分技术委员会、报告人小组、ETSI 专家工作组等形式参与工作。

技术大会每年不定期召开，决定成立技术委员会、确定技术委员会主席、副主席，研究分类计划、进度，通过新标准、停止使用老标准、确定过度期，建立特殊委员会，通过成果等。技术大会下设若干个技术委员会，各委员会下设课题组，主要工作是对技术标准、技术报告开展研究。秘书处协助技术大会做标准协调工作，包括进行欧洲以外国家和标准化组织的协调，编辑、出版、发行技术文件，与其他组织交换资料等。还有一些特殊委员会，如战略咨询委员会，负责组织召开用户会议、确定网间接口等；知识产权委员会，负责知识产权的鉴定、裁决等；顾问委员会，决定项目研究的先后次序等。

三、标准制定

ETSI 与 ITU 相比，具有许多特点。首先，具有很大的公众性和开放性，不论主管部门、用户、运营者、研究单位都可以平等地发表意见。另外，对市场敏感，按市场和用户的需求制定标准，用标准来定义产品，指导生产。针对性和时效性强，也是 ETSI 与 ITU 的不同之处。ITU 为了协调各国，在制定标准时，常常留有许多任选项，以便不同国家和地区进行选择，但给设备的统一和互通造成麻烦。而 ETSI 针对欧洲市场和世界市场的情况，将一些指标深入细化。

ETSI 的标准制定工作是开放式的。标准的立题是由 ETSI 的成员通过技术委员会提出的，经技术大会批准后列入 ETSI 的工作计划，由各技术委员会承担标准的研究工作。技术委员会提出的标准草案，经秘书处汇总发往成员国的标准化组织征询意见，返回意见后，再修改汇总，在成员国单位进行投票。赞成票超过 70% 以上的可以成为正式 ETSI 标准，否则可成为临时标准或其他技术文件。

由于 ETSI 对一些重要课题采取聘请专家集中进行研究的方式，使得标准的制定程序加快。如 GSM 就是采用专家组的方式进行研究的，因此比 ITU 超前，并对 TIU 标准的制定工作产生促进作用。

第七节　美国电子工业协会（EIA）

美国电子工业协会 EIA 创建于 1924 年，当时名为无线电制造商协会（Radio Manufacturers' Association，RMA），只有 17 名成员，代表不过 200 万美元产值的无线电制造业，而今，EIA 成员已超过 500 名，代表美国 2 000 亿美元产值电子工业制造商成为纯服务性的全国贸易组织，总部设在弗吉尼亚的阿灵顿。EIA 广泛代表了设计生产电子元件、部件、通信系统和设备的制造商以及工业界、政府和用户的利益，在提高美国制造商的竞争力方面起到了重要的作用。

一、成员情况

EIA 成员的位置对于全美境内所有的从事电子产品制造的厂家都开放，一些其他的组织经过批准也可以成为 EIA 的成员。目前，EIA 的成员来自从生产微电子元件到设计生产复杂的工业制造系统、军事防御、空间及消费电器的广泛的电子工业领域。

二、组织结构

EIA 下设工程部、政府关系部和公共事务部三个部门委员会和若干个电子产品部、组及分部。部门委员会为 EIA 成员提供市场统计及其他数据、技术标准、法律法规信息、政府关系、公共事务方面的技术支持。其中，技术标准的制定工作由工程委员会承担，工程委员会下设专业委员会。

电子产品部、组、分部是依据特定的电子生产和市场为线索划分的，这些部、组、分部是 EIA 协会主要工作的行动中心。他们对电子工业特别是联邦和州政府立法及行政机构的相互关系所面临的问题投入集中的和特别的关注。每个产品部都设有自己的董事会和管理机构，并且有自己的工作日程。协会成员根据自己的产品可以参加到不同的产品组、分部中。目前，EIA 主要的部包括元件部、消费电子部、电子信息部、工业电子部、电信部及行政部。

EIA 的总体政策是由从各部门选举成员组成的管理常委会确定的，常委会委派设在总部的 EIA 执行委员会进行管理。执行委员会在主席的领导下由 160 多名经验丰富的专业人员组成。

三、标准制定程序

EIA 根据协会工程指南的原则制定 EIA 标准项目或技术文件。在某些技术领域如果有制定新技术标准或技术文件的申请，可以先向 EIA 工程委员会或分委会提出，如提案得到支持且有一些成员愿意就此项目展开工作，工程委员会或分委会就以项目开始通知（PIN）的形式提交 EIA 批准。当项目被批准立项后，工程委员会及分委会将进一步开展工作以得出该项目的技术参数。当起草的标准或技术文件接近完成时，该工程委员会对草案文件进行传阅并举行投票，这次投票称为"委员会函审投票"，投票的目的是确定尚未解决的问题并在工程委员会或分委会达成共识。所有收到的意见都应得到解决。在这一阶段，标准不向公众公开。

如果该标准将会成为美国国家标准，由工程委员会推荐的草案还将在工业界举行投票，这就是标准征求意见。在这一阶段，任何对标准感兴趣的组织都可以投票，一般是三种意见：同意、有意见但同意、有意见不同意。这些意见也将会在标准的修改中得到解决。当然，这种投票也可扩大到全球范围。

当最后的文件草案得到工业界认同后，文件连同其投票的信息一同被提交到 EIA 执行委员会，如果标准将成为美国国家标准，同样的文件也应提交给美国国家标准化协会（ANSI）标准审查委员会（BSR）请求批准。EIA 执行委员会将审查标准投票信息及相关意见的解决情况，并且在得到 BSR 的批准后，该文件就可得到批准成为 EIA 标准发布了。

作为美国国家标准的文件，每五年应经过一次审查，以确保标准的有效性。在五年之内，标准也可能被重新颁布、修订或撤消。

四、工程委员会及分委会

工程委员会下设若干委员会和数百个分委会，主要的委员会有如下一些。

部门委员会包括工程部执行委员会，负责工程部的管理工作、批准 EIA 标准；电子质量评定标准分委会，代表美国工业行业参加 IEC 电子元件质量评定体系；EIA/UL 政策委员会；质量和可靠性工程；颜色和数字委员会；环境检测委员会等。

元件组包括元件部分面板委员会、政府联络委员会、电容元件、声学和转换器组件、开关和切换装置、测试方法和程序等委员会。　消费电子委员会包括产品安全、消费品电磁兼容性、音响系统、移动电子分委会、电视、电视数据系统等委员会。

连接装置及外围系统组包括：R. F. 连接器、商用国际连接器标准、国防航空国家连接器标准、闭路电视、支架面板及附件、电子显示标准会议技术组织。

电子信息组包括 VHDL 模型标准化委员会、CDIF 技术委员会、EDIF 技术专家组、数控系统和设备、印制电路板、测试技术分委会、政策分委会等技术组织。

电信委员会也就是电信工业协会（TIA）的委员会。

JEDEC 固体产品工程委员会包括术语和定义组、微电子塑料封装、混合封装、混合微电路技术封装器件的可行性测试方法等与半导体工业有关的技术组织。

纤维光学委员会分为光纤通信和纤维光学两部分，包括光纤通信系统、光纤本地网、数字系统的抖动和漂移、光纤系统术语、定义、记录控制及安全、室外光缆步线、光纤元件及系统质量评定和可靠性、纤维光学领域的工具及测量装置、术语定义和符号、连接装置、光学转换器、纤维和材料、光缆、特征结构和处理、光学传感器等技术组织。

电子显示标准委员会包括颜色的显示、电子管的安全、显示装置的光学特性、平面显示、液晶显示等技术组织。

EIA 与其他工业组织的合作美国还有很多与 EIA 相关的工业组织，他们与 EIA 保持着密切的合作关系，这些组织的信息同 EIA 专业委员会一样，能够很快地为 EIA 电子产品部所得到。这些工业组织是：美国消费电子制造商协会（Consumer Electronics Manufactures Association）、电子元件大会设备与供应协会（Electronic Components Assemblies，Equipment & Supplies Association）、电信工业协会（Telecommunication Industry Association）、电子信息组织（Electronic Information Group）、政府电子与信息技术协会（Government Electronic & Information Technology Association）、JEDEC 固体产品工程会议（JEDEC Solid State Products Engineering Council）。

第八节　Internet　工程任务组（IETF）

一、概述

互联网工程任务组（The Internet Engineering Task Force，IETF）是松散的、自律的、志愿的民间学术组织，成立于 1985 年底，其主要任务是负责互联网相关技术规范的研发和制定。

IETF 是一个由为互联网技术工程及发展作出贡献的专家自发参与和管理的国际民间机构。它汇集了与互联网架构演化和互联网稳定运作等业务相关的网络设计者、运营者和研究人员，并向所有对该行业感兴趣的人士开放。任何人都可以注册参加 IETF 的会议。IETF 大会每年举行三次，规模均在千人以上。

IETF 大量的技术性工作均由其内部的各类工作组协作完成。这些工作组按不同类别，如路由、传输、安全等专项课题而分别组建。IETF 的交流工作主要是在各个工作组所设立的邮件组中进行，这也是 IETF 的主要工作方式。

二、任务

目前，IETF 已成为全球互联网界最具权威的大型技术研究组织。但是它有别于像国际电联（International Telecommunication Union，ITU）这样传统意义上的标准制定组织。IETF 的参与者都是志愿人员，他们大多是通过 IETF 每年召开的三次会议来完成该组织的使命：鉴定互联网的运行和技术问题，并提出解决方案；详细说明互联网协议的发展或用途，解决相应问题；向 IESG

提出针对互联网协议标准及用途的建议；促进互联网研究任务组（IRTF）的技术研究成果向互联网社区推广；为互联网用户、研究人员、行销商、制造商及管理者等提供信息交流的论坛。

三、IETF 相关组织机构

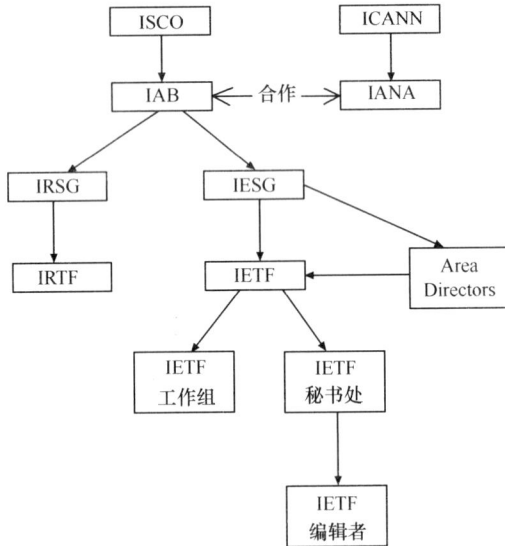

图 5 - 6　IETF 相关组织机构的关系

1. **互联网协会**（Internet Society，ISOC）

ISOC 是一个国际的，非盈利性的会员制组织，其作用是促进互联网在全球范围的应用。实现方式之一便是对各类互联网组织提供财政和法律支持，特别是对 IAB 管理下的 IETF 提供资助。

2. **互联网架构委员会**（Internet Architecture Board，IAB）

IAB 是 ISOC 的技术咨询团体，承担 ISOC 技术顾问组的角色；IAB 负责定义整个互联网的架构和长期发展规划，通过 IESG 向 IETF 提供指导并协调各个 IETF 工作组的活动，在新的 IETF 工作组设立之前 IAB 负责审查此工作组的章程，从而保证其设置的合理性，因此可以认为 IAB 是 IETF 的最高技术决策机构。

另外，IAB 还是 IRTF 的组织者和管理者，负责召集特别工作组对互联网结构问题进行深入的研讨。

3. 互联网工程指导组（Internet Engineering Steering Group，IESG）

IETF 的工作组被分为 8 个重要的研究领域，每个研究领域均有 1~3 名领域管理者（Area Directors，Ads），这些领域管理者 ADs 均是 IESG 的成员。

IESG 负责 IETF 活动和标准制定程序的技术管理工作，核准或纠正 IETF 各工作组的研究成果，有对工作组的设立终结权，确保非工作组草案在成为请求注解文件（RFC）时的准确性。

作为 ISOC 的一部分，它依据 ISOC 理事会认可的条例规程进行管理。可以认为 IESG 是 IETF 的实施决策机构。

IESG 的成员也由任命委员会（Nominations Committee，Nomcom）选举产生，任期两年。

4. 互联网编号分配机构（Internet Assigned Numbers Authority，IANA）

IANA 在 ICANN 的管理下负责分配与互联网协议有关的参数（IP 地址、端口号、域名以及其他协议参数等）。IAB 指定 IANA 在某互联网协议发布后对其另增条款进行说明协议参数的分配与使用情况。

IANA 的活动由 ICANN 资助。IANA 与 IAB 是合作的关系。

5. RFC 编辑者（RFC Editors）

主要职责是与 IESG 协同工作，编辑、排版和发表 RFC。RFC 一旦发表就不能更改。如果标准在叙述上有变，则必须重新发表新的 RFC 并替换掉原先版本。该机构的组成和实施的政策由 IAB 掌控。

6. IETF 秘书处（IETF Secretariat）

在 IETF 中进行有偿服务的工作人员很少。IETF 秘书处负责会务及一些特殊邮件组的维护，并负责更新和规整官方互联网草案目录，维护 IETF 网站，辅助 IESG 的日常工作。

7. 互联网研究任务组（The Internet Research Task Force，IRTF）

IRTF 由众多专业研究小组构成，研究互联网协议、应用、架构和技术。其中多数是长期运作的小组，也存在少量临时的短期研究小组。各成员均为个人代表，并不代表任何组织的利益。

四、IETF 标准的种类

IETF 产生两种文件，一个叫做 Internet Draft，即"互联网草案"，第二个是叫 RFC，它的名字来源是有历史原因的，原来是叫意见征求书或请求注解文件，现在它的名字实际上和它的内容并不一致。互联网草案任何人都可以提交，没有任何特殊限制，而且其他的成员也可以对它采取一个无所谓的态度，而 IETF 的一些很多重要的文件都是从这个互联网草案开始。

RFC 更为正式，而且它在历史上都是存档的，它被批准出台以后，内容不做改变。RFC 也有好多种：第一个就是它是一种标准；第二个它是一种试验性的，RFC 无非是说我们在一起想做这样一件事情，尝试一下；还一个就是文献历史性的，这个是记录了我们曾经做过一件事情是错误的，或者是不工作的；再有一种就是叫做介绍性信息，其实里边什么内容都有。

作为标准的 RFC 又分为几种：①是提议性的，就是说建议采用这个作为一个方案而列出；②是完全被认可的标准，这种是大家都在用，而且是不应该改变的；③是现在的最佳实践法，它相当于一种介绍。

这些文件产生的过程是一种从下往上的过程，而不是从上往下，也就是说不是一个由主席或者由工作组负责人给的一个指令，说是要做什么，而是由下边自发的提出，然后在工作组里边讨论，讨论了以后再交给上述的工程指导委员会进行审查。但是工程指导委员会只做审查不做修改，修改还是要打回到工作组来做。IETF 工作组文件的产生就是任何人都可以来参加会议，任何人都可以提议，然后他和别人进行讨论，大家形成了一个共识就可以产生这样的文件。

五、IETF 的研究领域

IETF 的实际工作大部分是在其工作组（Working Group）中完成的。这些工作组又根据主题的不同划分到若干个领域（Area），如路由、传输和网络安全等。每个领域由一到两名主管（Area Directors）负责管理，所有的领域主管组成了互联网工程组指导组（Internet Engineering Steering Group，IESG）。IETF 工作组的许多工作是通过邮件列表（Mailing List）进行的。IETF 每年召开三次会议。

目前，IETF 共包括八个研究领域，132 个处于活动状态的工作组。八个研究领域包括：（1）应用研究领域（Applications Area，app），含 20 个工作组（Work Group）；（2）通用研究领域（General Area，gen），含 5 个工作组；（3）网际互联研究领域（Internet Area，int），含 21 个工作组；（4）操作与管理研究领域（Operations and Management Area，ops），含 24 个工作组；（5）路由研究领域（Routing Area，rtg），含 14 个工作组；（6）安全研究领域（Security Area，sec），含 21 个工作组；（7）传输研究领域（Transport Area，tsv），含 1 个工作组；（8）临时研究领域（Sub – IP Area，sub），含 27 个工作组。

第六章　标准文献管理工作

近年来，随着标准化事业的不断发展和标准文献的日益增多，尤其是中国加入 WTO 后，标准化的作用日益重要，与之密切相关的标准文献信息资源建设工作也引起了人们的高度重视。

本章对标准文献及其相关内容进行了介绍。

第一节　标准文献基础知识

标准文献的范畴很大，浩若烟海。每个国际组织、国家、地区、各行业等，都有自己的一套标准，都按照自己的标准体系制定出符合各自实际情况的标准，并不断推陈出新，而且每年还有新制定、修订的大量标准问世。因此，如何对这些标准文献进行有效管理和利用，已经越来越受到人们的重视。

一、标准文献概述

关于标准文献，《中国文献编目规则》中这样定义："记录有以科学技术和实践经验的总和成果为基础，经有关方面协商一致，由主管机构批准，以特定形式发布，作为一定范围内共同遵守的准则和依据的出版物。"标准文献一般由标准和具有标准性质的类似文件所组成。它不仅为促进最新科学技术决定的付诸实施提供现实基础，而且还要预测将来的发展前景。从上述定义中我们不难看出，标准文献是按照规定程序编制并经过一个公认的权威机构（主管机关）批准的，供一定范围内广泛而多次使用的，包括一整套在特定活动领域内必须执行的规格、定额、规划、要求的技术文件。标准文献要与现代科学技术发展水平相适应，与现行的标准相互协调配合，并随着科学技术的发展以及标准化对象的变化而不断补充、修订、更新换代。

标准文献，最早产生于工业革命发源地英国。1901 年，英国成立了世界上第一个全国标准化机构。同年，世界上第一批国家标准问世。20 世纪 60 年代以来，各国标准文献大幅度增长，成为别具一格的独立科技文献体系。至今已有一百多个国家和地区制定了国家标准和区域标准。

从情报学的角度看，标准文献属于特种文献的范畴。因此许多图书情报学教科书习惯把标准文献划分为特种文献。

广义的标准文献包括一切与标准化工作有关的文献（如标准目录、标准汇编、标准年鉴、标准的分类法、标准单行本等），是标准情报的主要来源。标准文献的范畴还包括规格、规程、指南、手册、公报、技术文件等。

本书中我们说的标准文献主要包括标准、期刊、标准化法规、技术指导资料、标准化著作和标准化档案等。但是，我们开发的管理系统仅仅是针对各个图书馆所收藏的各种标准而言的。

二、标准文献特点

标准文献是科技文献的重要组成部分。一个国家的标准文献反映着该国的经济政策、技术政策、生产水平、加工工艺水平、标准化水平、自然条件、资源情况等内容，对于全面了解该国的工业发展情况，是一种重要的参考资料。但因其具有法规性质，所以又不同于一般的科技文献。它除了具有科技文献的共性之外，还具有多学科的综合性和法规性两个重要特点。

具体地说，有以下几点。

1. 标准文献有统一的产生过程

不论是什么标准，其产生过程都一样，共有三个阶段，即标准的征求意见阶段、送审阶段和报批阶段，每个阶段均有严格的质量控制。

2. 标准文献有统一的格式

所有的标准文献都有统一的格式、统一的编号和统一的文体，且措词准确、逻辑严谨。因为标准都是数以百计专家的知识和经验的高度概括和综合，是集体劳动的结晶，所以一旦批准即付诸实施。

3. 标准文献有完整配套的标准体系

新制定发布的标准不允许与现行相关标准相互矛盾，技术上应协调一致。同样，也不能就个别对象孤立地制定标准，必须考虑纵向和横向在技术与管理上的内在联系，形成一个完整配套的标准体系。

标准文献与一般的科技文献有所不同，表现在几个方面：一个是发表的方式不同，它由各级主管标准化工作的权威机构主持制订颁布，通常以单行本形式发行，一项标准一册（年度形成目录与汇编）；另外一个是分类体系不同，标准一般采用专门的技术分类体系；还有一个是性质不同，标准是一种具有法律性质或约束力的文献，有生效、未生效、试行、失败等状态之分，未生效和失效过时的标准没有任何作用价值（一般每 5 年修订一次）。

4. 标准文献有很强的时效性

标准文献更新换代很快。因为每个标准有一定的有效时间，它随着技术水平的不断发展而不断地弃旧更新，因此作为标准载体的标准文献也是及时更新。国际标准化组织规定每 5 年中重新审定一次所有标准，个别情况下可以提前修订，以保证标准的先进性。所以，标准文献对于一个国家的工业发展情况和科学技术发展有很大的参考价值。

5. 标准文献有法律效力

标准文献是一种公开颁发、法律性强的文献，由于其技术成熟度高，且又作为一种依据和规范提出，因此它一方面描述的内容详尽、完整和可靠，另一方面具有一定的法律性约束力，使产品生产和工程建设有据可依。

6. 标准文献单独出版、自成体系

标准文献无论是编写格式、语言描写、内容结构，还是审批程序、管理办法以及代号系统等，都独自成为一套体系。标准文献的一个最特殊的标志就是每件标准对应一个标准号，即使一件标准仅有寥寥数页也单独成册出版，一般一个标准只解决一个问题。

7. 标准文献交叉重复、相互引用

我们知道，标准是有级别的，与之相应的标准文献也是分级的。

值得注意的是，从企业标准到行业标准再到国际标准之间并不意味着级

别依次上升，在制定标准时它们经常是相互引用或者交叉重复。因此，判断标准的水平不能以使用范围大小来盲目评价，而应视具体的技术参数和具体内容为依据。

例如，有的企业在制定其企业标准时引用了许多国际标准或发达国家的标准作为自己的标准，从而在许多产品的标准指标上都高于现行的国家标准和部颁标准。

8. 标准文献具有很强的效益性

标准文献作为一种特殊的科技文献，是人们从事科研、生产、设计和检验所使用的重要技术依据，是记录和传播标准信息的重要载体，也是开展标准化工作和科技信息工作的物质基础。及时掌握和充分利用标准资料，对于科学技术的发展、提高产品质量、改进生产、促进贸易和提高经济效益有着重要的作用。合理地使用和借鉴国外的标准文献，对于促进本国标准化工作，提高标准化工作效率和管理水平，更是不可缺少的。

9. 标准文献实行动态管理

标准文献来源于标准化活动，并且在标准化活动中随着社会的进步和科技的发展，一方面吸收信息，充实和修正自己，另一方面又向标准化人员提供信息。对标准文献要不断地修订、补充、完善及更新，使标准的有效期限缩短，即标龄减短。

我国标准原则上 3 年进行复查和修订，标准文献的"弃旧用新"决定了标准文献的管理是动态管理。这一切要求标准文献管理人员在标准载体上反映出来，从形式上来讲管理的是标准文献载体，而实际上管理的是信息资源。从某种意义上来说，标准文献管理人员就是信息处理员。因此，标准文献应是始终处于最佳状态下的标准信息。

三、标准文献的价值

标准文献的上述特性决定了它具有以下作用。

1. 科技价值

标准文献是经过严格的科学验证及精确的科学计算，以现代科学的综合成果和先进经验提炼而成的，标准文献是提升产品开发质量的重要参考依据。

2. 情报价值

国家标准的年限一般为 3～5 年，过了年限后，就要对已有的标准进行修订或重新制定，以保证标准的先进性和实用性。不同国家、地区和企业的标准及时而准确地反映了他们当时的科技水平。同时，标准的超前推广和应用预测了近期科学技术的发展趋势。

3. 使用价值

每一条标准都有自己明确的使用范围和用途，随着社会的发展，国家需要制定新的标准来满足人们生产、生活的需要。

4. 经济价值

标准文献是促进提供产品技术水平和质量水平的主要依据，是增强产品竞争力和开拓国内外市场的有利工具。

四、标准文献在经济建设中的作用

随着科学技术的进步和国际经济合作的加强以及现代标准化的出现，标准化在整个国际范围内蓬勃发展。其突出表现是，标准化领域越来越广阔，它已涉及到科学、技术、工业、农业、商业、教育、安全、卫生、环境保护、资源、能源等各个领域，并且从单纯的技术标准向管理标准发展。工业发达国家尤其注意环境保护和节资节能。可以说，现在标准化几乎涉及到生产、生活的各个领域，目前很难指出一个与标准化毫不相关的活动领域。

随着我国改革开放和经济建设的发展，标准文献已成为现代化大生产和经济建设诸多方面不可缺少的文献资料。如生产和管理部门可以参阅标准文献组织产品标准化、系列化、通用化生产；技术监督部门可以参阅标准文献，对产品质量进行监督检查；技术开发部门可以通过标准文献了解到其他国家和地域的经济政策、技术政策、生产水平、资源情况和标准化水平，或根据国际和国外先进标准进行新产品研制、技术改造、工艺改进，或对现有标准提出修改、补充；销售部门可以参阅标准文献组织售后服务和客户的质量反馈工作。因此，标准文献对促进科学技术的发展和最新科研成果的推广应用，提高产品质量和生产水平，改进科学管理，提高经济效益都起着重要作用。

例如，可以为技术谈判提供基础。在技术谈判中，涉及产品质量的技术法规和标准往往成为谈判的焦点。它们确定了产品或产品组的基本要求、试验和检验要求，是对产品质量的全面描述，成为订购方和承制方签订合同、进行交付或验收的基本技术依据。

此外，还可以为货物交验或仲裁提供依据。标准文献是货物验收的依据。标准文献对产品质量的描述通常是定量的，也是科学和全面的，它是满足使用要求的"基准线"。标准文献又是进出口商品发生索赔争议的技术依据。在外贸工作中，发生贸易纠纷是不可避免的。当发生索赔争议时，无论是协商解决或是由仲裁机构解决，都必须也只能以确定的标准文献作为判断是非的依据。标准文献为解决贸易纠纷和进行仲裁创造了公平的条件。

第二节 标准文献分类法

标准文献起着传递和推广科研成果、不断促进科学技术进步的作用，因此标准文献工作非常重要。我们这里所说的标准文献工作主要包括两个方面：标准文献的管理与标准文献的服务。

标准文献的管理是指将各种标准文献（包括印刷型和电子型）按照一定的秩序合理地收藏管理，以便为利用提供方便。标准文献的服务就是能够根据用户的需求及时迅速地为用户提供所需的标准文献，即标准文献的藏与用。

图书馆工作者都知道，《中国图书馆分类法》是我国各类图书馆图书分类的基础和依据，也是图书馆工作的重要工具。同样，标准文献也有自己的分类标准。我国常使用的标准文献分类法有《中国标准文献分类法》和《国际标准分类法》。

一、《中国标准文献分类法》（CCS）

《中国标准文献分类法》（China Classification for Standards，CCS）是我国标准化机构于20世纪80年代在参照国内外各种分类法的基础上，结合我国标准文献的特点制定的。过去，我国标准文献的组织管理工作主要是依据各级标准的代号和顺序编号进行的，没有统一的分类方法。为了更有效地发挥标准文献的作用，我国标准化机构在原国家标准组织编制的《中国标准文献分类法（试行）》基础上进行了修订，制定了这部新的《中国标准文献分类法》。修订工作由国家技术监督局组织，经一年多工作完成的。这部分类法科学、简明、实用，对标准文献工作起到了非常重要的作用。

我们这里介绍的是《中国标准文献分类法》修订后的版本，吸取了四年多试行的经验和意见，增加了 30 多个二级类目，对范围注释作了大量的补充，在二级类目的设置、配置、配号等方面作了较为合理的调整，使这部分类法更便于标准文献的检索和管理。

1. 类目设置

《中国标准文献分类法》的类目设置以专业划分为主，适当结合科学分类。序列采取从总到分、从一般到具体的逻辑系统。各级类目的设置以标准文献的数量为基础，使类目之间所容纳的标准文献量保持相对平衡，并在适当的地方留有发展余地。为了保持分类体系的稳定，类目不按部门划分。

2. 结构形式与标记制度

《中国标准文献分类法》的分类体系原则上采用二级分类，一级主类目的设置主要以专业划分为主，共设 24 个大类，以一个英文字母表示一个大类，其标记符号序列由 A～Z 分别表示 24 种专业名称（不含字母 I 和 O）。二级类目设置采取非严格等级制的列类方法，采用两位数字（00～99）表示，因此，每一个一级类目之下最多含有 100 个二级类目。

3. 类目划分原则

（1）一级类目、二级类目的序列

如上所述，为了科学、简明、实用，《中国标准文献分类法》的分类体系原则上由两级组成。

一级类目的设置主要以专业划分为主，首先是从人类的基本生产开始，继而以各种工业生产活动为中心，最后为人类生活需要。具体地说，首先列农林牧渔和为之服务的医药卫生与安全劳保；其次列出矿产资源，各种制造业和交通运输；最后为人们生活所必需的轻工、文教生活用品以及环境保护。这种序列方法基本上遵循着事物发展的客观规律及其内在的联系。

二级类目由于采取另外非严格的等级制的列类方法，充分利用了类号。

（2）分面标识及其作用

一级类目与二级类目之间设置分面标识。由于二级类目采用双位数字表示，因此每个一级类目之下包含有一百个（00～99）二级类。二级类之间的逻辑划分就用分面标识加以区别。分面标识所概括的二级类目不限于 10 个，有的可少于 10 个，有的可多于 10 个，例如，B00/09 农业、林业综合 10 个、B10/14 土壤与肥料 5 个、B60/79 林业 20 个等。这样既灵活，又概括，对二级类目起到了范围限定的作用，弥补了由于二级类目采取双位数字的编列方法而使类目等级概念不清的缺点。

分面标识的作用是用以说明一组二级类目的专业范围，其形式如下。

例一：

一级类目标识符号→W　　　　　纺织 ← 一级类目名称

分面标识→W10/19[1]　　　　　棉纺织 ← 分面标识名称

分面标识所属内容
$$\begin{cases} 10 \ 棉纺综合 \\ 11 \ 棉半制品 \\ 12 \ 棉纱、线 \\ 13 \ 棉坯布及制品 \end{cases}$$

分面标识 → W20/29[2]　　　　毛纺织 ← 分面标识名称

分布标识所属内容
$$\begin{cases} 20 \ 毛纺织综合 \\ 21 \ 毛半制品 \\ 22 \ 毛纱、线 \\ 23 \ 毛坯布及制品 \\ 27 \ 工业用呢、毡 \end{cases}$$

① 指分面标识所属起讫号范围，不作为分类标识之用。

② 同①。

例二：

J	机械
10/29①	通用零部件
10	通用零部件综合
11	滚动轴承
12	滑动轴承
13	紧固件
15	管路附件
16	阀门
17	齿轮与齿轮传动
18	链传动、皮带传动与键联结
19	联轴器、制动器与变速器
20	液压与气动装置
21	润滑与润滑装置
22	密封与密封装置
24	冷却与冷却装置
26	弹簧
27	操作杆
28	自动化物流装置
29	其他

（3）大类划分专业

对于有些标准文献量大、面广的类，采取划分为若干个专业类的方法，以保持一级类目之间的平衡，如轻工业，按需要划分为 W 纺织、X 食品和 Y 轻工、文化与生活用品三大类。

（4）特殊类的划分

对于类无专属又具有广泛指导意义的标准文献，如综合性基础标准、经济文化、基础科学、综合性通用技术等，设综合大类，列在首位，以解决共

---

① 指分面标识所属起讫号范围，不作为分类标识之用。

性集中问题。各大类之下，也有类内的共性集中问题，一般统一列于"00～09"之内，按下述逻辑次序编列：

00	标准化、质量管理
01	技术管理
02	经济管理
03	
04	基础标准与通用方法
05	
06	
07	电子计算机应用
08	标志、包装、运输、贮藏
09	卫生、安全、劳动保护

4. 通用标准与专用标准的划分

所谓"通用标准"，是指两个以上专业共同使用的标准，而"专用标准"是指某一专业特殊用途的标准。在中国标准文献分类法中对这两类标准是采取通用标准相对集中，专用标准适当分散的原则处理的。

例如，通用紧固件标准入"J 机械类"，航空用特殊紧固件标准入"V 航空、航天类"。但对各类有关基本建设、环境保护、金属与非金属材料等方面的标准文献采取相对集中列类的方法，如水利电力工程、原材料工业工程、机电制造业工程等入"P 工程建设类"等。

根据上述这些原则所编制的《中国标准文献分类法》的详细类目请见附录 1 所示。

二、《国际标准分类法》(ICS)

1. 《国际标准分类法》的形成与发展

对标准文献进行分类是标准化工作的基础，是统一和交流的前提。世界各国对标准文献的分类都十分重视，几乎所有先进的工业国家都有自己的分类法，我国于 1983 年编制了一部《中国标准文献分类法》，由于其分类适合我国国情，操作性较强，曾获得国家技术监督局科技进步二等奖。

　　但是随着标准化事业的发展，各自为政的分类法已不能满足世界标准化信息交换的需要，特别是在世界贸易不断涉及到标准的情况下，统一标准分类法对于国际交流与合作就显得越来越迫切和重要了。世界贸易组织（WTO）委托国际标准化组织（ISO）负责 TBT 协议（贸易技术壁垒协定）中有关标准通报事宜的具体实施，为此 WTO 秘书处共同起草了一个备忘录，其中明确指出标准化机构在其通报工作计划时，要使用国际标准分类法。1991 年 ISO 组织完成了《国际标准分类法》（Internetional Classification for standards，ICS）的制定工作，并积极向其成员组织推荐 ICS 分类体系，以期获得在标准分类工作中的统一。ISO 于 1994 年在其颁布的标准中采用 ICS 分类号，德国紧随其后，也于 1994 年在其颁布的标准中采用了 ICS 分类号。从此，《国际标准分类法》陆续在世界各国使用，并逐渐被世界各国所接受。

　　面对世界各国标准化工作的突飞猛进，如何在我国标准文献分类管理和检索中使用国际标准分类法的问题就提上了我国标准化工作的议事日程。为此国家技术监督局于 1995 年 6 月成立国际标准分类法应用课题研究组，经过课题组专家们的紧张工作，于 1996 年初完成该课题的应用研究工作，并于 1996 年 4 月 1 日通过了由国家技术监督局组织的专家鉴定。随后，国家技术监督局要求从 1997 年 1 月 1 日起在国家标准、行业标准、地方标准上标注新的 ICS 分类号，ICS 正式走上了中国标准文献管理的舞台。

　　2. 特点

　　ICS 采用的是数字分类法（如 DIN）。数字分类法与字母分类法（如 ASTM）以及字母与数字混合分类法（如 JIS，GB）相比，具有扩充方便、计算机管理方便等优点，而且没有文种障碍，有利于交流与推广。

　　ICS 类目的设置具体有以下几个特点。

　　（1）层累制分类

　　ICS 是一部采用层累制进行分类的标准文献分类法，它将全部标准化领域划分为 40 个大类（另留一类"99"供内部使用），每类下分为三个级别。

　　（2）类目设置新颖

　　由于 ICS 是随着科学技术的发展而产生的一种分类方法，因此其中一些类目设置比较新颖，如"37 成像技术"大类，将光学、摄影、电影、印刷技术等内容集中立类，这样有助于共性相关标准的分类和使用。

（3）数字标识利于今后的发展

ICS 的标识系统采用的是阿拉伯数字，以双位数表示第一级，以三位数表示第二级。各级之间以圆点相隔。这种配号方式对将来的补充发展留较大的余地。例如：

ICS 一级类目：25　机械制造

ICS 二级类目：25.080 机床

ICS 三级类目：25.080.04 钻床

（4）分类原则科学

ICS 采用按专业划分为主的类目划分原则，而不以标准化方面作为类目划分标准，这样对于某一具体方面的技术往往能与其设置分在同一类。

例如：17.220 电学、磁学、电和磁的测量

＊〔包括测量仪器仪表〕

尽管如此，ICS 仍有弊端，首先由于其是以欧洲为主编制的分类法，受欧洲传统分类的影响比较大，其大类设置和序列十分相像。例如，"39 精密机械、珠宝"大类，只将钟表和珠宝列入，其他仪器仪表标准没有对应类可入。

3. 分类体制

ICS 是一个等级分类法，包括三个级别。第一级包含 40 个标准化专业领域，各个专业又细分为 407 个组，即二级类；在这 407 个二级类中的 134 个又被进一步细分为 896 个分组，也就是三级类。

ICS 采用数字编号，第一级和第三级采用双位数，第二级采用三位数表示，各级分类号之间以实心圆点相隔。ICS 一些二级和三级类目的类名下设有范畴注释和/或指引注释。一般来说，范畴注释列出某特定二级和三级类所覆盖的主题或给出其定义；指引注释指出某一特定二级类或三级类的主题与其他类目的相关性。

4. 分类原则

①按标准文献主题内容所属学科、专业归类，总的分第一级，较具体的分第二级，再具体的分第三级。

②术语标准和图形符号标准可先分入术语和图形符号类，再按标准化对

象所属专业分入专业类。

③一标准可根据其主题或主题侧面分入多个二级类或三级类中。

④一标准所涉及的主题范围包括了一个二级类以下的全部三级类目，则标准应分入此二级类。

⑤ 为便于计算机检索，涉及某二级类全部主题的标准，可标为"××.×××.00"，这样在检索时用"××.×××.00"提问，将得到"××.×××"下的综合标准；而用"××.×××"提问将得到"××.×××"下以及"××.×××.01～××.×××.99"各类下的全部标准。

5. 应用范围

ICS 作为国际、区域性和国家标准以及其他标准文献的目录结构，并作为国际、区域性和国家标准的长期订单系统的基础，也可以用于数据库和图书馆中标准及标准文献的分类。

ICS 可作为信息数据的排序工具，如目录、选择清单、参考文献、磁介质和光介质上的数据库等，从而促进国际、区域性和国家标准以及其他标准文献在世界范围内的传播。

6. 体系结构

ICS 采用层累制分类法，由三级类目构成。第一级 41 个大类，例如：道路车辆工程，农业，冶金。每个大类以二位数字表示，例如：43 道路车辆工程。

全部一级类目再分为 387 个二级类目。二级类目的类号由一级类目的类号和被一个圆点隔开的三位数组成，例如：43.040 道路车辆装置。

二级类目下又再细分为三级类目，共有 789 个，三级类目的类号由一、二级类目的类号和被一个圆点隔开的二位数组成，例如：43.040.50 传动装置、悬挂装置。

为了方便使用，本书中的附录 2 收录了 ICS 分类法的一级类目表，以便读者参考使用。关于 ICS 的进一步详细分类，请查询本书所附的软件，这里不再进行详细介绍。

7. 使用注意事项

《国际标准分类法》ICS 不同于《中国标准文献分类法》CCS，它将产品、技术和设备合一，术语按分类集中。有关试验方法标准的分级，除非有单独说明或单独有类号的，一般也应放在同一产品类目中。且 ICS 比 CCS 交叉栏目少，便于准确分类和检索。

为便于操作，ICS 的部分一级类目、二级类目和三级类目下加注了类目范畴注释或参照某类号，并括在方括号内。用户在按照 ICS 分类表对标准进行分类时，可以将同一个标准分入一个或多个二级类或三级类，此时各类号之间用分号相隔。

ICS 的专业覆盖比较全面，有的类目设置包含了技术较新的科学领域，如 35 类的信息技术和办公设备。经过对近 2 万条我国现行国家标准和降为行业标准的原国家标准进行分类试用，除少量标准外，基本都能入类。

当然，ICS 由于受到欧洲传统分类的影响，从我国立场上看，其有些类目不甚合理，如 39 大类的精密机械和珠宝被列入同一大类。同时，也存在着类目设置不均衡的现象，另有少量带有中国特色的如中药等没有类目可入。但从总体上看，ICS 仍不失为一种较好的通用国际标准文献分类法。考虑到《中国标准文献分类法》ICS 在中国刚开始实施，国家技术监督局决定，《中国标准文献分类法》CCS 暂时不放弃，实行 ICS 和 CCS 分类法同时使用的双轨制，并根据今后的发展需要逐步废除 CCS。这也是我国发布的标准文献的封面上同时有 CCS 号和 ICS 号的原因。

第三节　标准文献著录

著录是标准文献加工最基础的工作。在手工管理中通常表现在抄卡片，计算机管理中称为数据采集。不论是手工管理还是计算机管理，其著录的项目是相同的，原则也是一样的。

一、标准文献的体例结构与各类标准编号

1. 标准文献体例结构

世界各国的标准化法规对标准文献的编制、审定和实施都有严格的规定，

这就使得各国标准的体例结构都十分统一。我国标准的体例及内容由《标准化工作导则标准编写的基本规定》（GB 1.1－87）来确定。

标准文献通常封面上都冠有标准类型，其下印有标准名称、英文标准名称、标准号、标准的批准和发布单位、发布日期和实施日期、国际标准分类法（ICS）分类号、中国标准文献分类法（CCS）分类号等，在制定或修订过程中采用了国际标准或国外先进标准的，在本标准的标准号下还有采用程度代号（IDC 表示等同采用、EQV 表示等效采用、NEQ 表示非等效采用）和被采用标准的标准号，代替旧标准的还注明被代替的标准的标准号。标准正文的首页还提供标准编制说明及标准的提出者和起草者。接着是标准的正文，还有的标准正文后面有附录。

图 6－1 是一件国家标准文献的封面，包括标准名称、英文标准名称、标准号、中国标准文献分类号 CCS、国际标准分类号 ICS、发布日期、实施日期、发布单位等各项信息。

图 6－1　标准文献封面示意

2.　标准编号

（1）国家标准的代号、编号

　　国家标准分为强制性标准和推荐性标准，我国《标准化法》规定："保障人体健康，人身、财产安全的标准和法律、行政法规规定强制执行的标准是强制性标准，其他标准是推荐性标准。"强制性国家标准的代号为 GB，推荐性国家标准的代号为 GB/T。此外，还有国家指导性标准，用 GB/Z 表示。

　　国家标准的编号由国家标准的代号、标准发布顺序号和标准发布年代号组成，格式为"GB×××-××××"、"GB/T×××-××××"。

　　除了 GB、GB/T 之外，尚有军用、卫生标准等给出了专门标准代号：

GB. n	国家内部标准
GB. j	国家工程建议标准
GB. w	国家卫生标准
GJB	国家军用标准
GSB	国家实物标准

　　（2）行业标准的代号、编号

　　行业标准也分为强制性标准和推荐性标准，行业标准的编号由行业标准代号、标准发布顺序号和标准发布年代号组成，行业标准的代号由 2 位拼音字母组成，例如：

JY	教育行业
WH	文化行业
TY	体育行业
HG	化工行业

　　行业标准编号的组成为：

××　　　　××××-××××

××/T　　　　××××-××××

　　企业标准代号以 Q 为代表，以企业名称的代码为字母表示，在 Q 前冠以省、市或自治区的简称汉字，如"京 Q/JB 1-89"是北京机械工业局 1989 年颁布的企业标准。

　　（3）国际标准化组织（ISO）的标准编号

　　ISO 负责制定和批准除电工与电子技术领域以外的各种技术标准。ISO 标准号的构成为："ISO + 顺序号 + 年代号（制定或修订年份）"。

例如 "ISO 3347：1976" 即表示 1976 年颁布的有关木材剪应力测定的标准，是正式标准，其他技术标准如下：

ISO/R   推荐标准
DIS   国际标准草案
ISO/TR   ISO 技术报告
ISO/IEC   联合委员会
ISO 9000   ISO 14000

二、标准著录的原则及著录信息

1. 著录原则

（1）完备原则

标准文献的著录事项要力求详尽，能够从不同的角度描述文献的特征，使读者能决定是否是自己所要求的文献。当采用计算机管理时，一次输入就能满足多用途的输出。

（2）准确原则

标准文献的手工著录和计算机采集数据应该按照各自的标准和要求准确地进行，以便于读者使用。

（3）一致原则

标准文献的著录项目、格式和表示方法要统一。不因入藏先后而异，也不因人而异。只有这样才能实现标准文献的自动化管理。

2. 著录信息

著录是编制标准文献的最基础的工作，它在标准文献的揭示、检索和利用中起决定性作用。我国历来的文献著录规则或条例对标准文献的著录都有专门规定，但不同时期的规定差异较大。这里我们以《中国文献编目规则》为依据介绍标准文献的著录。

《中国文献编目规则》将标准文献的著录项目区分为八项：题名与责任说明项、版本项、文献特殊细节项、出版发行项、载体形态项、丛编项、附注项、标准编号项与获得方式项。

（1）题名与责任说明项的著录

只著录标准名称，而将标准类型和标准号另项著录。责任者部分以提出者为第一责任者，起草者和批准者为其他责任者。提出者是具体制定标准并向国家指定部门申请的单位，对标准内容负有直接责任，而且标准本身在表述责任者时也是将提出者排在最前面，因此，提出者应作为第一责任者著录；起草者是标准的实际创造者，标准的成绩应当归功于起草者，但由于标准具有法律约束力，起草后不经提出单位审查和申请不可能被有关部门批准，另外标准本身也是将起草者排在提出者之后，所以起草者应作为其他责任者著录；至于批准者，一般都比较统一，不著录也可以，但由于标准的封面上都在比较显著的位置注明批准单位，所以可著录在责任者的最后。

（2）版本项的著录

版本项包括版次及其版本形式，以及与版本有关的责任说明。

版次及其版本形式的著录有两个方面：首先，除初版（第一版）外的各个版次均如实著录，但应省略"第"字。其次，"修订本"、"增订本"、"增订版"等说明版本改变过程的文字，著录于版次之后，用逗号标识；无版次者，以上文字直接著录于本项之首。

与版本有关的责任说明是指被著录新版标准的修订者、增补者等，著录于版次及其他版本形式后。

（3）文献特殊细节项著录

这一项是著录标准的发布日期和实施日期，实施日期前用分号"；"标识。发布日期和实施日期是标准文献特有的文献特征，就像地图的比例尺和连续出版物的卷、期一样，所以著录在特殊细节项比著录在附注项更为合理。

（4）出版发行项著录

出版发行项包括出版地或发行地、出版者或发行者、出版年或发行年。题有出版地，不著录发行地，出版地指出版者所在的城市名称，著录时省略"市"字。出版、发行者一般以出版、发行机构为准，不著录出版、发行机构代表人；题有出版者不著录发行者。题有出版年不著录发行年，出版年指排版年，如版权页记载多次排版年，则著录最近的出版年，应省略"年"字样。

（5）载体形态项著录

载体形态项是指描述标准的数量及物质形态的项目，包括：数量及特定文献类型标识、尺寸等。通常指标准的页数。

（6）丛编项著录

丛编项也即系列项，主要著录标准类型和标准号，标准号前用分号"；"标识。我国有许多标准是系列标准，这种系列性具体体现在标准号上。因此，要将标准号著录在丛编项上。

（7）附注项著录

附注项是对标准名称与责任说明项、版本项、出版发行项、载体形态项、丛编项以及对标准的性质、用途等予以补充说明。

若有多项附注内容，按以上顺序依次著录。若有附录，著录于本项之首。

（8）标准编号与获得方式项著录

标准编号著录时注意书写规范性和一致性，尤其是计算机著录时注意录入的全角半角的一致性。获得方式一般只著录非卖品、内部发行、只供会员、只供交换、免费等说明性文字。

三、标准文献的分类标引

标准文献的著录也和图书著录一样，既可以采用分类标引，也可以采用主题标引。分类标引就是将标准文献按照一定的分类法进行分类，并给出正确的类目号。

1. 分类法的选择·

如果仅仅按照标准号来组织和检索标准文献，当读者只知道专业的内容而不知道标准号时，查找起来就相当困难（实际上大部分情况都是知道专业内容或标准名称，不知道标准号）。如果对标准文献进行了分类，就可以使内容相同的标准文献集中在一起，相关的连接起来，不同的分开，有利于读者按学科、按专业查找标准，也有利于管理。尤其是采用计算机管理时可以成批地、系统地提供标准，给科研、生产带来很大方便。

2. 分类法的使用

一般地讲，《中国标准文献分类法》是进行标准文献分类的主要依据，各个图书馆大多采用这个分类法。它通过类目的设置和相应的标记符号来实现标准文献的信息存储和检索的功能。

此外由于军用标准的很多专业上述"中标分类法"难以概括，因此我国又制定了 GJB 832 - 90《军用标准文献分类法》，这个分类法已经在军事和军工系统中实施。

四、标准文献的主题标引

1. 概念

在标准文献的加工和存储过程中，对文献进行主题分析，将揭示文献主题的自然语言转化成规范化的主题语言的过程称为主题标引。以规范化的术语作为文献内容标识和查找依据的方法称为主题法。收集、编排主题词的工具书称为主题词表。主题词表是概括相关术语组成的规范化的动态词典。

主题词表是一个统称，目前普遍使用的是叙词，所进行的工作称为叙词标引。

2. 主题标引的作用

主题标引的作用有三个，一个是能灵活地反映新兴学科，而且能将具体的、专深的问题突出地反映出来；另外一个是可以将同一主题的文献集中起来，检索时只要找到某一主题词，就可以获得有关这一主题的全部文献；三是有利于标准文献工作的计算机管理，使用主题标引，可以灵活地集中同一主题的所有文献，获得比分类检索语言高得多的检索效果。所以在标准文献工作自动化的过程中，应当对文献进行主题标引，才能提高查全、查准率。

第四节　标准文献检索

标准文献是一个资源十分丰富的科技信息源。科技人员、标准化工作者掌握标准文献的检索方法，可以花费较少的时间，准确地找到大量的标准文献。对于标准文献工作者来说，如何加强标准文献检索系统的建设和开展检索服务，是一个十分重要的课题。

一、标准文献传统的检索方法

1. 检索工具

目前查找标准文献的书本式工具很多，已经形成一个系列，如表6-1所示。

表6-1　国内外标准文献主要检索工具系列表

国内标准	国际标准	主要工业国家的标准	
国家标准目标	ISO 国家标准目录	美国	美国国家标准目录
国家军用标准目录	IEC 国际标准目录		ASTM 标准目录
行业标准目录	27 个国际组织标准目录	德国	技术规程目录
地方标准目录	国际标准题内关键词索引	日本	日本工业标准目录
企业标准目录	各国标准对照手册	俄罗斯	俄罗斯国家标准目录
标准发布公告			专业标准目录
标准化期刊		英国	英国标准目录
		法国	法国国家标准目录

对于大多数图书馆和标准收藏单位来说，一般都收藏标准汇编。标准汇编又包括综合性的和专题性的，即中国国家标准汇编和各专题汇编。这里对这两种检索工具予以介绍。

（1）中国国家标准汇编

该汇编由中国标准出版社从1983年起分若干分册陆续出版发行，到2000年末，已出版276分册。自1995年的第196分册起，汇编分册的出版大致与标准单行本同步，即当年出版上一年度制订、修订发布的国家标准。上一年度新制订的汇入该汇编，分册号顺延，封面上注明标准起止号码。上一年度修订的单独汇编出版，各分册每年另自编号，并在封面上注明"××××年修订"字样。如1995年出版的1994年修订的国家标准，其汇编号码为1994年修订1~1994年修订8。

（2）专题标准汇编

如中国标准出版社2001年6月出版的《中国环境保护标准汇编》系列，包括《中国环境保护标准汇编　环境质量与污染物排放》、《中国环境保护标准汇编　水质分析方法》、《中国环境保护标准汇编　大气质量分析方法》、

《中国环境保护汇编 废气废水废渣分析方法》、《中国环境保护汇编 噪声测量》、《中国环境保护汇编 放射性物质测定方法》、《中国环境保护汇编 环境保护综合类》等标准。例如中国标准出版社1999年10月出版的《照明电器标准汇编》系列，分四册分别汇编了灯具、灯头和灯座、电光源、电光源专用材料和半成品照明电器常用相关标准。

专题汇编是查找特定范围的理想工具，是各个学科专业科研人员首先考虑的书本式标准检索工具。

（3）标准单行本

所谓标准单行本即单独出版的各件标准，一些高校系统的图书馆为了本校科研教学需要，经常收藏标准单行本。单行本通常仅限于国家标准，对于行业标准、地方标准、国外标准，单行本很难满足需要。

2. 检索途径

要想获得理想的检索结果，必须仔细分析检索课题，选择检索工具，确定检索方法和检索途径。通常标准文献常用的检索途径有以下几种：

（1）标准号途径

标准文献的检索工具常常按照标准号的顺序编制。在分类、主题目录中亦常常附有标准号索引。当知道了所需标准的标准号后，查找十分方便。尽管国家标准汇编有200余册，但每册的封面和书脊都注明了该册收录的标准的起止号。因此，只要知道某一标准号，就能很容易查到该标准的全文。

（2）分类途径

如果想知道某一专业或某一学科有什么样的标准，就要按分类来检索。分类途径是按学科、专业体系编排和查找的途径。常用的工具有"分类目录"、"分类索引"等。按分类检索首先就要熟悉中国标准文献的分类体系，这样才能确定要检索的专业的一、二级类目，然后在《中国国家标准分类汇编》中找到具体的分册，就会看到有关专业的所有标准全文。

（3）主题途径

主题途径是通过文献内容的主题来检索文献。检索时像查字典一样，按字母顺序即可找到所需的主题词。此途径的主要优点是：表达概念准确、灵活；不论专业程度多深多新，都可以从相应的主题词入手查找；能将分散在各个领域中的文献集中在一个主题词下，便于进行综合检索。如果利用计算机检索和利用外文目录查找外文标准时，主题途径的优点更加明显。

二、标准文献的计算机检索

目前，标准涉及的专业面很广，数量庞大，内容交叉、渗透，更加频繁。在这种情况下，用手工方法查准、查全某个专业的标准文献是很困难的。因此，用计算机检索标准文献已经成为标准文献工作的核心内容。

使用不同的检索系统进行检索的步骤不完全相同，大体上包括以下几个方面的工作。

1. 选用数据库

标准文献数据库是标准文献信息化的电子仓库，检索前，应首先了解标准数据库的种类以及这些数据库的检索途径、检索入口、登录方式等。

2. 选择检索词

接着要选择检索词，编写检索提问式。应力求使检索词具有准确性和通俗性，并将多个检索词用逻辑运算符号联接起来形成计算机可执行的逻辑算式。

3. 输入提问式

由计算机利用检索程序自动检索。有时可以根据检索情况，修改提问式，直至得到满意的检索结果。

第五节　标准文献的网上检索

现在，随着网络技术的日益成熟，各行各业的标准都实现了网络化服务。目前，互联网上的标准数据库种类繁多，从收录的标准文献来看，既有全文的，也有摘要形式的；从收录的标准类型来看，既有国家标准，也有行业标准；从使用方式看，既有收费的，也有免费的。这些繁杂的标准数据库在带来便利的同时，也给用户使用带来了一些困难。为此，我们对网上的标准数据库进行了梳理，并根据用户的使用习惯将其分为两类：综合型标准库和专业型标准库。

一、综合型标准数据库

这类标准数据库所收录的标准文献专业范围覆盖了各行各业，几个比较常用的综合型标准数据库包括：中国标准咨询网、中国标准科技信息咨询网、中国国家标准咨询服务网、中国标准服务网，这几个标准数据库都是属于我国标准行业比较权威的组织机构改所开发建设的，它们的资料来源可靠，数据准确。

1. 中国标准咨询网

（1）基本情况

其网址为 www. chinastandard. com. cn，主页如图6 – 1所示。

图6 – 1　中国标准咨询网主页

登录方式为：主页→购买标准阅读卡→标准数据库检索，标准库的类型是标准全文数据库，因此如果检索需要收费。收录的标准类型有：ISO 标准、IEC 标准、ASTM 标准、ASME 标准、UL 标准、BS 标准、DIN 标准、JIS 标准、AFNOR 标准、GB 标准、HB 标准、GBJ 标准、IEEE 标准和 ANSI 标准。其检索方式有快速检索和高级检索，可以满足不同用户的需要。

（2）检索系统

中国标准咨询网收录的标准文献专业范围广、类型全，不仅可以在主页上直接检索，而且还可以进入检索界面进行更加准确全面的检索，但是所有这些都必须购买标准阅读卡后才能实现。购买标准阅读卡分以下几种情况。

一是普通会员：1 000 元，送一年网站浏览权。目前可上网浏览的标准全文为：机械、电子与石油行业的行业标准全文，同时可以浏览 ISO、IEC、ASTM 标准的英文标准文摘，还可以浏览 GB、GBJ、HB、ISO、IEC、EN、ANSI、BS、DIN、JIS、ASTM、ASME、UL、IEEE 等国内外标准题录信息；对于浏览不到的标准，用电子邮件发给会员，按每页 4.00 元从 1000 元中扣除（一年内有效）。

二是乙级会员：5 000 元，送一年网站浏览权。目前可上网浏览的标准全文为：机械、电子与石油行业的行业标准全文，同时可以浏览 ISO、IEC、ASTM 标准的英文标准文摘，还可以浏览 GB、GBJ、HB、ISO、IEC、EN、ANSI、BS、DIN、JIS、ASTM、ASME、UL、IEEE 等国内外标准题录信息；对于浏览不到的标准，用电子邮件发给会员，按每页 2.50 元从 5 000 元中扣除，扣完为止。

三是甲级会员：10 000 元，送一年网站浏览权。目前可上网浏览的标准全文为：机械、电子与石油行业的行业标准全文，同时可以浏览 ISO；IEC、ASTM 标准的英文标准文摘，还可以浏览 GB、GBJ、HB、ISO、IEC、EN、ANSI、BS、DIN、JIS、ASTM、ASME、UL、IEEE 等国内外标准题录信息；对于浏览不到的标准，用电子邮件发给会员，按每页 2.00 元从 10 000 元中扣除，扣完为止。

标准阅读卡在全国各地如北京、天津、石家庄、包头、沈阳等城市均有出售。此外还可以通过邮局邮购。由于是收费检索，所以在一定程度上影响了其数据库的使用。

2. 中国标准科技信息咨询网

（1）基本情况

其网址为 www.bzcn.net，主页如图 6-2 所示。

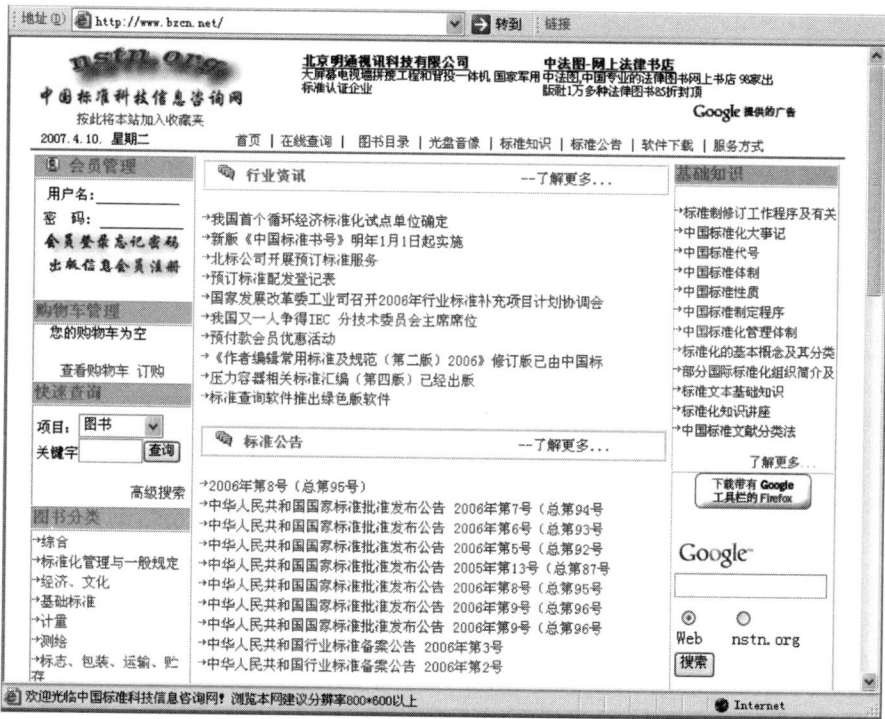

图 6 - 2　中国标准科技信息咨询网主页

登录方式可以从主页直接点击"在线查询"，之后进入检索界面。该数据库类型是标准明细数据库，收录的标准类型有国家标准、行业标准、ISO 标准、IEC 标准、UL 标准等。其检索方式是快速检索，可以满足一般用户的需求。

（2）检索系统

从"在线查询"进入的检索界面，如图 6 - 3 所示。

这个数据库主要检索标准图书和标准汇编，并开展标准文献和标准图书的网上销售和网上代购服务。从这个检索界面上可以进行标准图书查询、标准查询、标准详细分类查询、作废代替标准查询、国际标准查询，只是仅仅查到标准的明细，如果需要全文，需要注册成为会员，或者通过邮购获取。

3. 中国标准化协会信息网

（1）基本情况

其网址为 www. china - cas. com ，主页如图 6 - 4 所示，登录方式为：主页

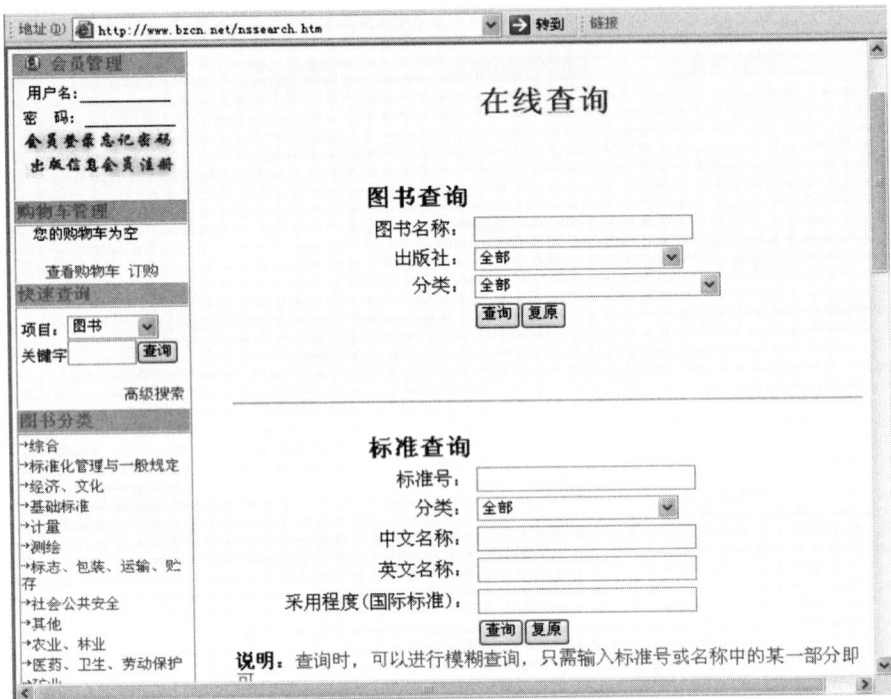

图 6 - 3　中国标准科技信息咨询网检索界面

图 6 - 4　中国标准化协会信息网主页

→标准查询，即可进入标准检索界面。其检索方式是快速检索，一般的用户不需要专门的检索技巧就可以使用。

从上述主页上我们点击"标准查询"即可进入标准检索。这个标准库为标准目录数据库和标准摘要数据库。收录的标准类型为国际标准、国内标准、样品标准、协会标准以及标准化权威机构。

（2）检索系统

在图6-4所示的主界面上点击"标准查询"可以进入检索界面，如图6-5所示。用户可以根据自己的需要选择标准类型查询，例如国际标准、国内标准等，也可以在信息查询中按类别、标准编号、标准名称等途径进行目录查询和摘要查询。

值得指出的是该网站所提供的标准样品查询和标准化权威机构查询是其特有的服务，通过查询标准化权威机构，用户可以知道具体某个行业的标准可在哪里获得等。

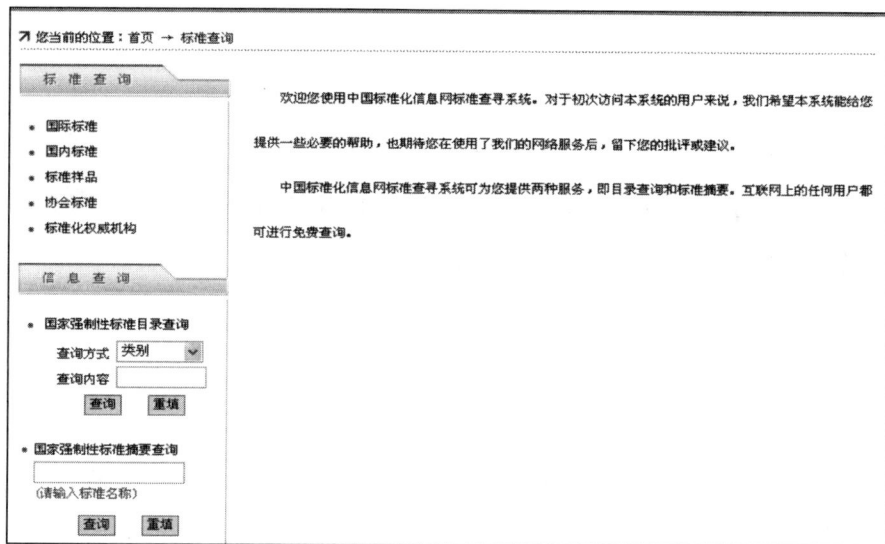

图6-5　中国标准化协会信息网标准查询界面

4. 中国国家标准咨询服务网

（1）基本情况

其网址是 www.chinagb.org，主页如图6-6所示，登录方式为：主页→标准查询。其检索方式是快速检索。

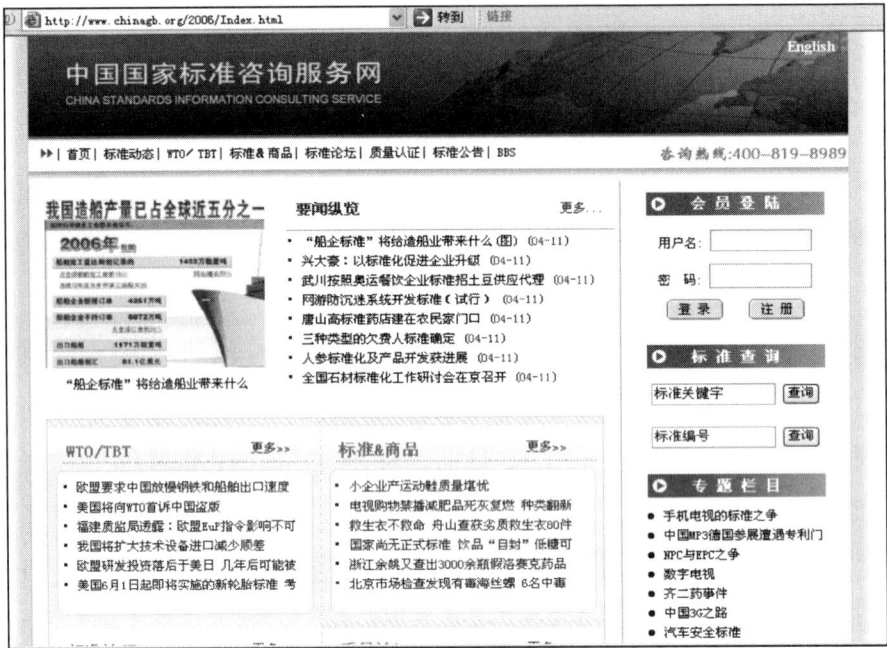

图 6-6 中国国家标准咨询服务网主页

（2）检索系统

中国国家标准咨询服务网的标准查询可以从关键词和标准号两个途径进行检索，不论哪个途径检索到的都是标准号和标准名称，如果需要标准全文，可以进一步在网上购买。购买的服务程序见图 6-7 所示。

5. 中国标准服务网

（1）基本情况

其网址为 www. cssn. net. cn ，主页如图 6-8 所示。

中国标准服务网是世界标准服务网在中国的网站，所以有着丰富的信息资源，是目前中国最权威的标准化服务网。中国标准服务网由中国标准化研究所标准馆开发和维护，该馆是全国唯一的国家级标准文献服务中心，因此其数据来源可靠、资料准确。

（2）检索系统

中国标准服务网可以进行标准分类检索、期刊检索和图书检索。它由中国标准化研究院标准馆管理和维护，全面提供国内外标准化信息，并依托中国标准化研究院标准馆丰富的馆藏资源和人力资源，向用户提供标准信息更

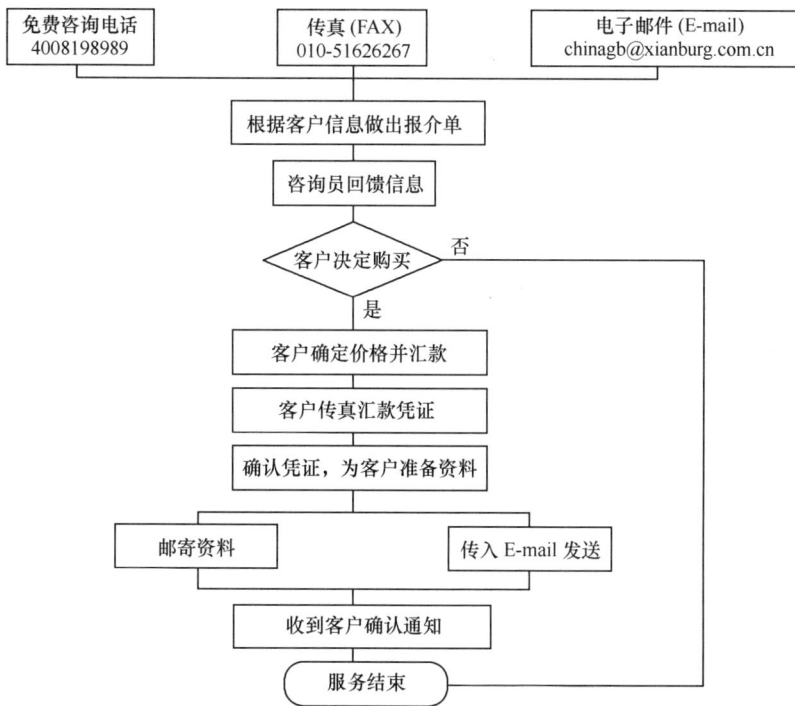

图6-7　中国国家标准服务网标准服务流程图

图6-8　中国标准服务网主页

新服务、标准全文服务和专题咨询服务。网站采用网员制服务形式，申请成为网员的任何团体必须是按照其所在国家和地区的法律、法规和政策规定，经过当地政府相关部门正式注册后合法成立的公司、工厂、企业或团体组织。

本网站的网员有四种类型：

（a）D 类网员

用户注册后，即成为 D 类网员，除浏览本网站信息外，还可以免费检索本网站提供的标准、技术法规、期刊等数据库，可从网上提交订购标准、图书的请求，但需付费后，才能获取标准或图书。

（b）C 类网员

用户注册后，向标准馆预付 1 000 元资料费，即成为 C 类网员。C 类网员除享受 D 类网员的所有服务外，还可享受服务价格优惠。预付资料费随用随扣，网员可查看消费记录。

（c）B 类网员

用户注册后，向标准馆预付 1 000 元资料费，且每年交纳 400 元网员费后，即成为 B 类网员。B 类网员除享受 C 类网员所有服务外，还可享受增值服务，其服务和优惠主要集中在国内标准方面。

（d）A 类网员

用户注册后，在标准馆预付 1 000 元资料费，并每年交纳 1 000 元网员费后，即成为 A 类网员。A 类网员除享受 B 类网员所有服务外，还可享受增值服务，是最高级别的网员，享受国内外标准的全面优惠。

从上述介绍的几个综合型标准数据库我们可以看到，不论是哪个标准数据库都可以进行免费检索，但是仅仅能检索标注目录或摘要，如果需要进一步的详细信息，则需要付费，或注册成为会员。这些数据库不仅有快速检索功能，而且有的还具有高级检索功能。这些标准数据库都可以从标准号、标准名称和标准类别的入口进行检索，这三个检索入口也是标准文献最常用的三条检索途径。

二、专业型标准数据库

专业型标准数据库是指该标准库所收录的标准文献侧重于某个专业，即我们通常说的行业标准数据库。由于这类数据库非常多，因此这里只列举一些常见学科的标准数据库。

1. 机械工业标准服务网

（1）基本情况

其网址为 www. jb. ac. cn ，主页如图 6 – 9 所示。

图 6 – 9　机械工业标准服务网主页

登录方式有两个：一个是主页→标准信息→选择标准类型库→检索；另一个是主页→标准查询→选择标准类型库→检索。其标准库都是目录数据库，收录的标准有行业标准、国家标准、作废代替标准、标准修改，目前可以利用的标准库有 5 个：国家标准总目录数据库、机械行业标准目录数据库、作废代替标准目录数据库、标准修改通知单目录数据库、标准化期刊目录数据库。

（2）检索系统

该检索系统的界面图如图 6 – 10 所示。

该检索系统入口有：中标分类号、标准号、中文名称、代替标准以及实施日期。标准的著录款目有标准号、标准名称、标准英文名称、中标分类号、国际标准分类号、代替标准号、废止日期、发布日期、实施日期、归口单位、

图 6-10　机械工业标准服务网检索界面

采标情况、备注、批文号。

2. 中国电力标准化

（1）基本情况

其网址为 www.dls.org.cn，主页如图 6 - 11 所示。进行查询时登录方式为：主页→电力标准查询，在这里我们可以进行电力标准查询、标准计划查

图 6-11　中国电力标准网主页

询和相关标准查询。

（2）检索系统

电力标准的检索界面如图 6 - 12 所示。

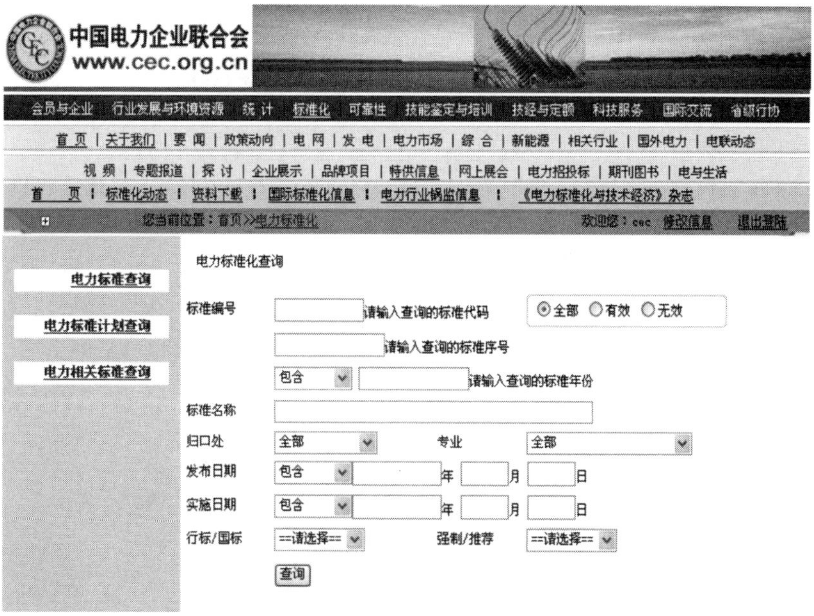

图 6 - 12　电力标准检索界面

其检索入口有标准编号、标准名称、发布日期、实施日期等，查询的结果为标准目录数据库，全文数据库需要收取费用。

此外，该系统还有一个电力标准计划查询，如图 6 - 13 所示。

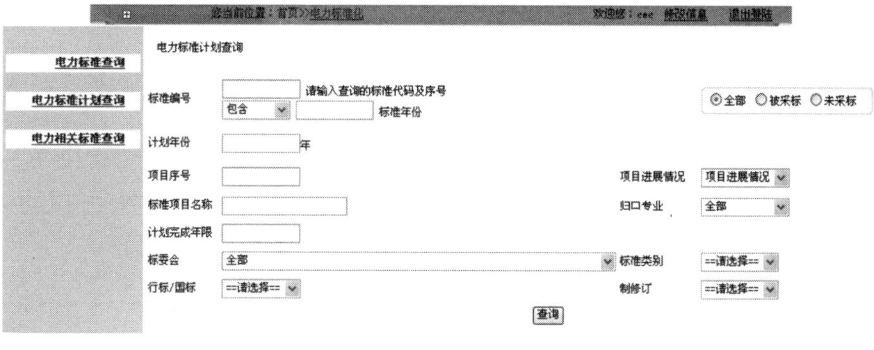

图 6 - 13　电力标准计划查询

在电力标准计划查询中，可以从标准编号、计划年份项目序号、标准项目名称等各种途径查询自己需要的标准的具体情况。例如，如果要查询"脱硫废水水质标准"的具体计划情况，可以在上述界面上的项目名称输入框中输入"脱硫废水水质"，点击"查询"，得到的结果，如图6－14所示。

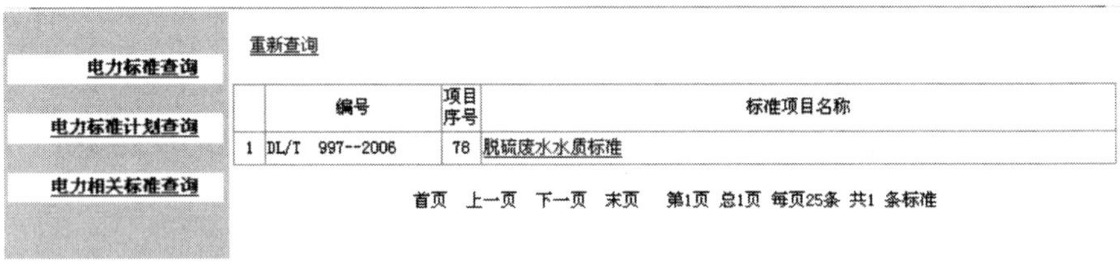

图6－14　电力标准计划查询

点击结果中的链接即可进一步查看详细结果，如图6－15所示。

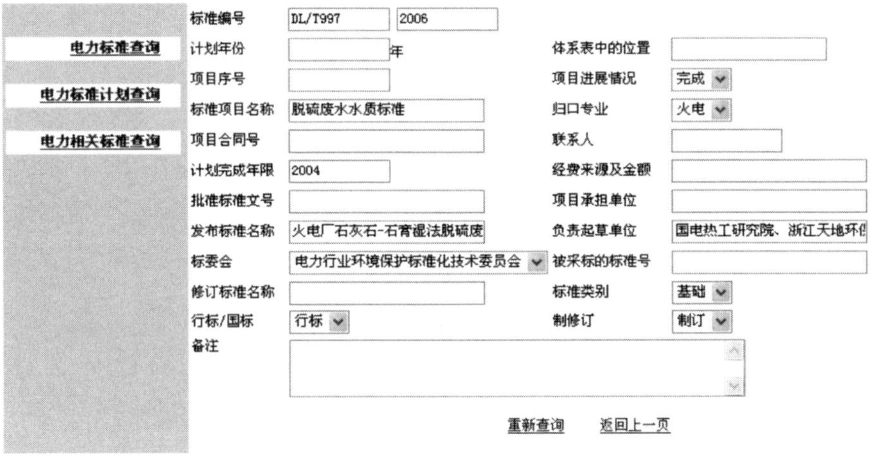

图6－15　电力标准计划查询详细结果示意

这样我们就能知道关于这个标准的详细情况，如项目的现状是已经完成，归口在火电系统，计划完成年限为2004年，是行业标准，修订标准等。

如果想查询更多的信息，可以注册成会员，具体联系办法可以参考这个网站的详细信息。

3. 中国电子技术标准化研究所

（1）基本情况

其网址为 www.cesi.ac.cn ，主页如图6－16所示，它可以从主页上直接检索。

图6-16　中国电子技术标准化研究所主页

例如，在这个主页上右上角的标准编号、标准名称的输入框中分别输入相应的数据可以直接检索出标准结果。收录的也仅仅是标准目录的明细数据库，没有全文。主要涉及的是电子信息技术方面的标准。

（2）检索系统

该检索系统的检索方式是快速检索，可以从标准编号、标准名称途径入手进行检索。例如要查询"电子出版物　术语"的标准，在主页的标准名称输入框中输入检索词"电子出版物"，点击"查询"得到如图6-17所示的结果。

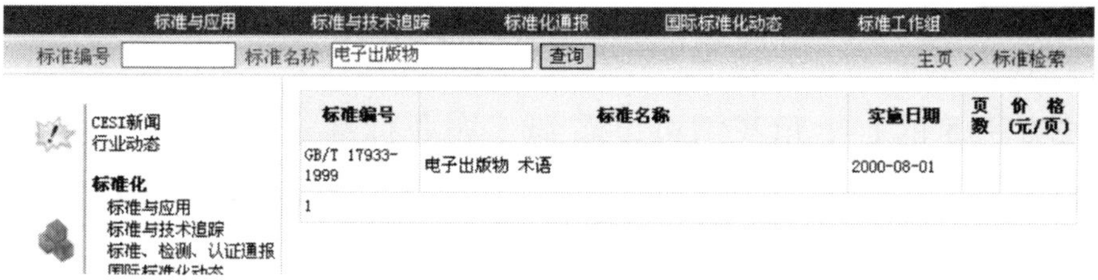

图6-17　检索结果示意

在上述图中打开"电子出版物　术语"的链接，可以看到该标准的详细信息，其中包括标准编号、标准名称、ICSC分类号、标准分类号、标准名称译文、代替标准编号、标准发布日期、标准文本页数等。

4. 中国农业质量标准网

（1）基本情况

其网址为 www. caqs. gov. cn，主页如图 6 – 18 所示。

图 6 – 18　中国农业质量标准网主页

这是由农业部与市场信息司主办的一个主要涉及农业行业标准的网站，它可以提供关于农业方面的各类标准，例如国家标准、国际标准等，还可以进行在制标准阶段的查询。

（2）检索系统

在图 6 – 18 的右上角我们可以看到"农业标准全文检索"的功能按钮，要进行检索首先必须注册，其步骤和一般网站的会员注册大致相同。注册成功后，以会员身份登陆即可进行检索。

本系统可以进行快速检索和高级检索。

例如，要检索"农药水分测定"方面的标准，快速检索时在图 6 – 19 所示界面的标准名称输入框中直接输入"农药水分测定"，点击"查询"，可以得到检索结果，如图 6 – 20 所示。

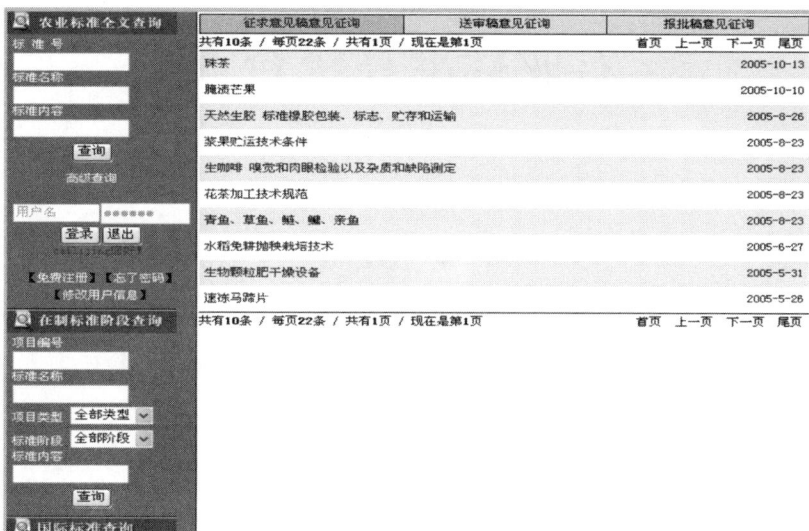

图 6 - 19 农业标准全文检索界面

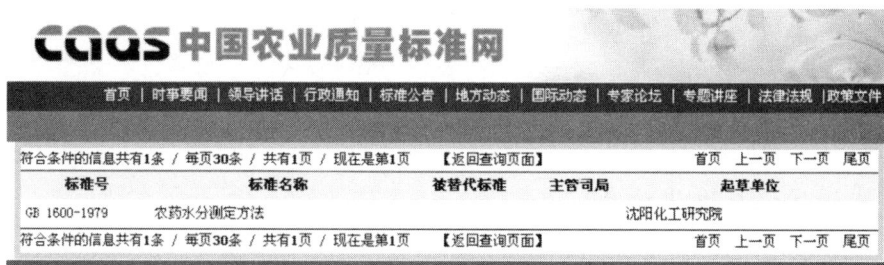

图 6 - 20 快速检索示意

从这个结果中我们可以知道所要检索的标准号、标准名称、被代替标准、主管司局和起草单位。

此外，本系统还可以进行高级检索。在图 6 - 19 的检索界面中点击"高级查询"，进入农业标准的高级查询界面，如图 6 - 21 所示。

在高级检索中，用户可以从标准号、标准名称、标准内容等各个方面入手进行检索，而且检索入口中许多都不需要用户录入，只要打开下拉菜单，根据自己的情况和需要选择即可。

高级检索需要用户对所要查找的标准有比较全面的了解，通常还需要掌握一些基本的检索技巧。

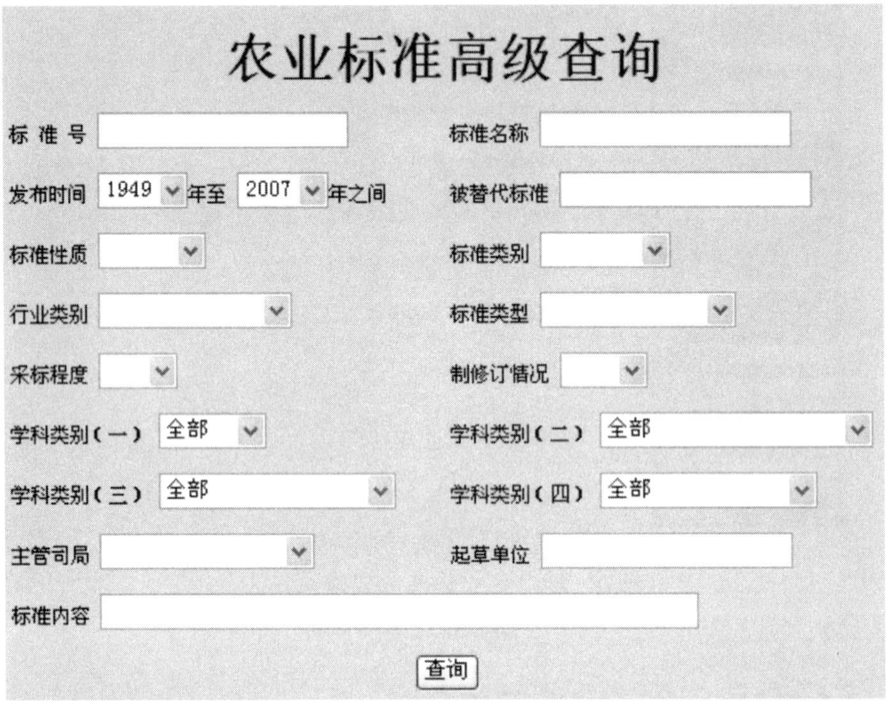

图 6 - 21　　农业标准的高级检索界面

5. 中国通讯标准化协会

（1）基本情况

其网址为 www. cwts. org ，主页如图 6 - 22 所示。

其检索系统的登录方式为：主页→行业标准。利用这个标准库可以检索到国家标准和邮电行业的标准目录数据库或者明细数据库，从中我们可以了解标准号、中文名称、英文名称、发布时间等相关信息。

（2）检索系统

点击主页上的"行业标准"，用户可以进入如图 6 - 23 所示的界面。

左上角的检索入口输入框中，用户可以从标准名称、标准号、摘要、起草单位等多种途径查到所需要的标准，可以查到标准号、中文名称、英文名称和发布时间，如果需要进一步的信息，可以打开标准号的链接。例如，要检索"远程教学通信平台"，选择检索范围为标准名称，在检索词输入框中输入"远程教学通信平台"，点击"查询"按钮，可以得到图 6 - 24 所示的结果。

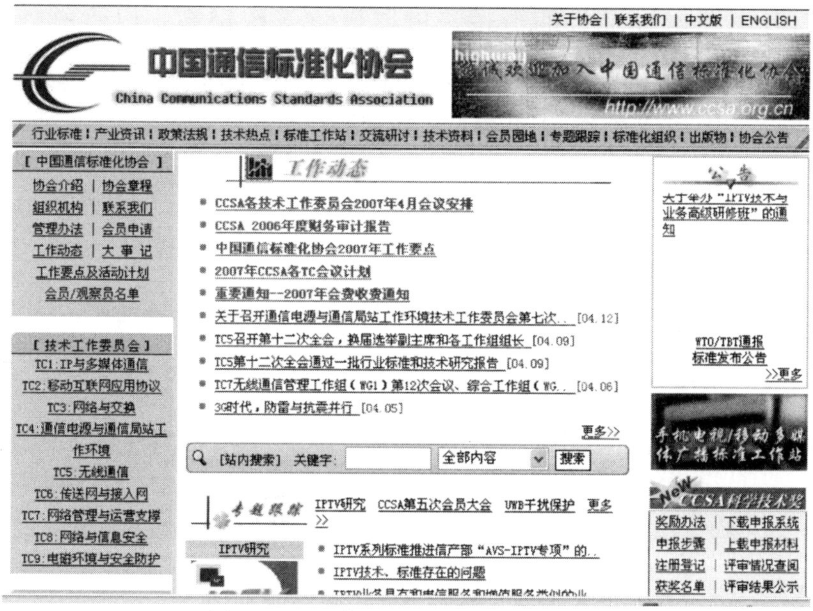

图 6 - 22　中国通讯标准协会主页

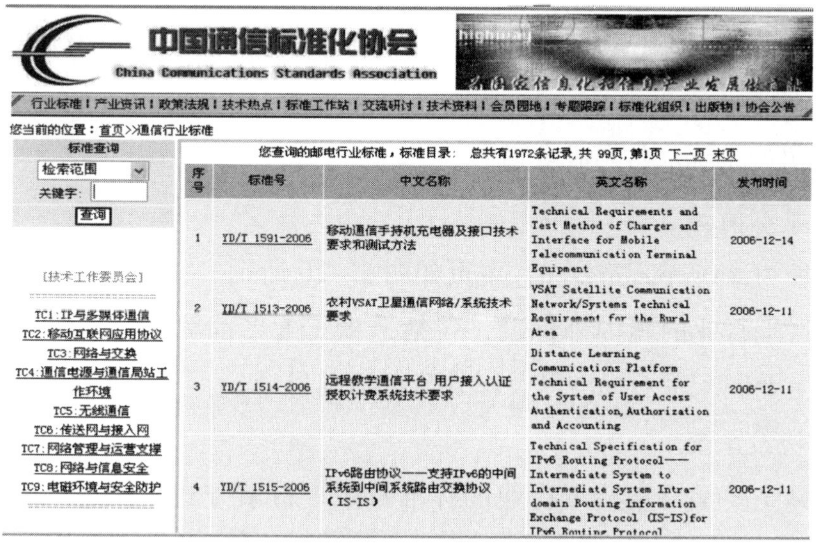

图 6 - 23　中国通讯标准化协会检索界面

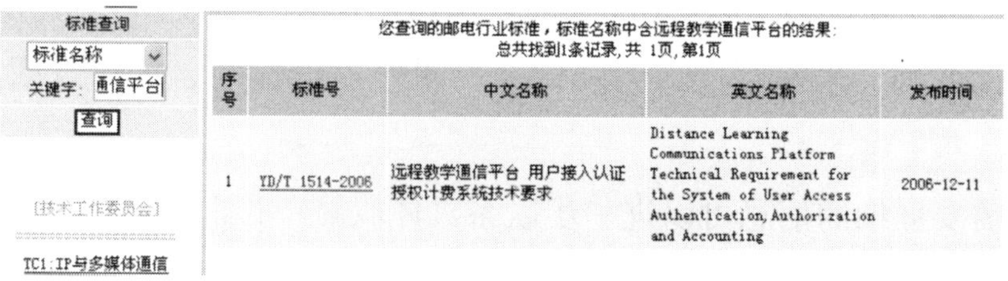

图 6 - 24　检索结果示意

然后打开上图中标准号的链接，可以进行二次检索，以查到该条标准的明细，包括标准号、中文名称、英文名称、发布时间、起草单位、归口单位、和标准摘要。二次检索的结果如图 6 – 25 所示。

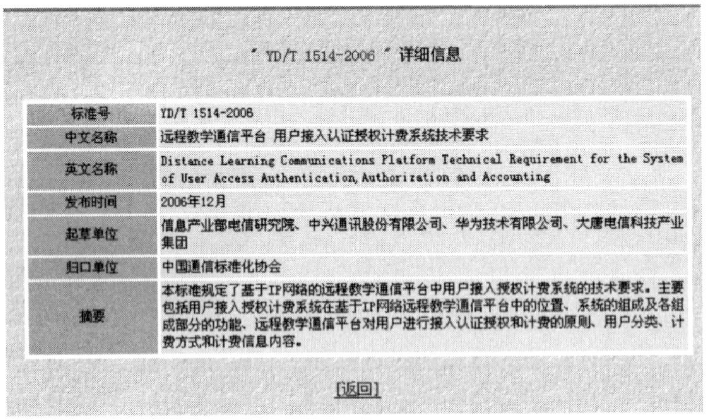

" YD/T 1514-2006 " 详细信息

标准号	YD/T 1514-2006
中文名称	远程教学通信平台 用户接入认证授权计费系统技术要求
英文名称	Distance Learning Communications Platform Technical Requirement for the System of User Access Authentication, Authorization and Accounting
发布时间	2006年12月
起草单位	信息产业部电信研究院、中兴通讯股份有限公司、华为技术有限公司、大唐电信科技产业集团
归口单位	中国通信标准化协会
摘要	本标准规定了基于IP网络的远程教学通信平台中用户接入授权计费系统的技术要求。主要包括用户接入授权计费系统在基于IP网络远程教学通信平台中的位置、系统的组成及各组成部分的功能、远程教学通信平台对用户进行接入认证授权和计费的原则、用户分类、计费方式和计费信息内容。

[返回]

图 6 – 25 二次检索示意

根据这些内容，用户可以决定该条标准是否是自己需要的标准，是否需要标准全文。

6. 中国造纸标准信息服务网

（1）基本情况

其网址为 www. pis. org. cn，主页如图 6 – 26 所示。在这个网站上可以免费查询关于造纸行业的国内外标准，包括造纸工业产品标准、造纸工业方法标准、造纸工业国家军用标准以及国外造纸标准目录。

（2）检索系统

该网站主要是检索造纸行业的标准目录，检索方式是快速检索，只能按照标准类别查询造纸业各类标准目录。例如，点击“造纸工业产品标准目录”，可以看到如图 6 – 27 所示的界面，从这里用户可以了解该行业标准的标准号、标准名称、采标程度、国际标准、国外先进标准、发布日期、实施日期等。

如果需要详细的信息可以进一步联系具体收藏单位。

以上仅仅是网上标准数据库的一小部分，由于网络资源是动态资源，随时会更新和变化，因此需要用户随时关注这些变化，及时掌握标准数据库的

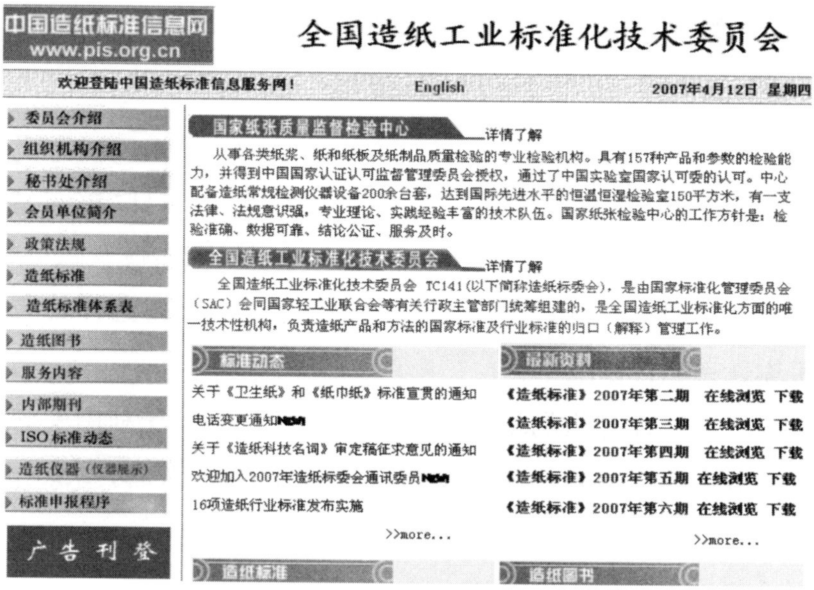

图6－26　中国造纸标准信息服务网

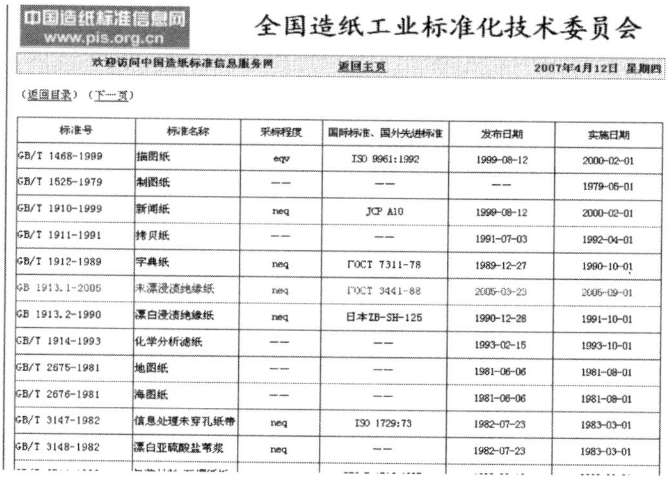

标准号	标准名称	采标程度	国际标准、国外先进标准	发布日期	实施日期
GB/T 1468-1999	描图纸	eqv	ISO 9961:1992	1999-08-12	2000-02-01
GB/T 1525-1979	制图纸	——	——	——	1979-06-01
GB/T 1910-1999	新闻纸	neq	JCP A10	1999-08-12	2000-02-01
GB/T 1911-1991	拷贝纸	——	——	1991-07-03	1992-04-01
GB/T 1912-1989	字典纸	neq	ГОСТ 7311-78	1989-12-27	1990-10-01
GB 1913.1-2005	未漂浸渍绝缘纸	neq	ГОСТ 3441-88	2005-03-23	2005-09-01
GB 1913.2-1990	漂白浸渍绝缘纸	neq	日本ZB-SH-125	1990-12-28	1991-10-01
GB/T 1914-1993	化学分析滤纸	——	——	1993-02-15	1993-10-01
GB/T 2675-1981	地图纸	——	——	1981-06-06	1981-08-01
GB/T 2676-1981	海图纸	——	——	1981-06-06	1981-08-01
GB/T 3147-1982	信息处理未穿孔纸带	neq	ISO 1729:73	1982-07-23	1983-03-01
GB/T 3148-1982	漂白亚硫酸盐苇浆	neq	——	1982-07-23	1983-03-01

图6－27　造纸行业标准目录

情况，以便有效使用。

三、如何有效地利用网上标准数据库

随着网络技术的应用发展，网上的资源越来越丰富，标准信息的资源大多可以在网上获取，不仅可以实现网上标准目录的检索，而且还可以实现标准文献的网上订购，方便了用户使用。但是在利用网上标准数据库时必须要注意几个问题。

1. 正确选择标准数据库

正如我们所知道的，网上标准数据库种类繁多，既有收费的，也有免费的，收费标准也不相同，甚至同一个标准在不同的数据库检索收费相差很大。因此，正确地选择网上标准数据库是首先要考虑的问题。选择的原则一般是先专业标准库，再综合标准库。

例如，要查询"计算机场地通用规范"标准，可以先利用中国电子技术研究所的标准数据库来检索，如果没有符合条件的标准，再到综合标准库中检索。

2. 恰当地选择数据库中的标准资源

通常，即使同一个标准库，其资源也有免费和收费之分。在利用这些标准库时，一般都是先检索免费资源，再检索收费资源。

免费资源一般都是标准目录、摘要或标准明细，我们可以先把这些信息检索出来，如果符合我们的要求，再进一步使用收费检索获取标准全文，这样就可以避免资金的浪费。

3. 正确选择检索途径

一旦确定了标准库，便应该结合该标准库的特点和使用方法正确选择检索途径。一般来说，标准文献的主要检索途径有标准号、主题词（关键词）和分类号三种途径，其中标准号是最常用的方法，但是它有一个极大的缺陷，就是需要预先知道标准号，而我们在检索标准文献时大多数情况并不知道明确的标准号，只知道标准名称，这样就必须用其他方法，如主题词检索。主题词检索是除标准号外使用较多的另一个方法，它有一个明显的优势，即只要输入标准名称中的任意一个词，或者一个产品名称，就可以找到所需要的标准。但前提是有这样一个标准，而且要用此规范，否则就要使用标准分类法进行检索。标准分类法是对标准进行归类，根据分类表和分类规则将相近主题的标准编入同一个类目，检索时也根据分类表确定一个类目，将这一类目的所有标准都检索出来以供使用。常用的标准分类有中国标准文献分类法

（CCS）、国际标准分类法（ICS）。

4. 注意事项

在利用网上标准数据库检索标准时要注意几个问题，一个是注意用词的准确，尽量使用标准规范的词汇。有时用某些词查不到，要学会换同义词再查。例如"合页"，也有人称之为"铰链"，但是在检索标准时必须用标准词汇"合页"，否则便查不到这个标准。二是要注意用词的外延和内涵，用词过于狭窄或精确检索出来的结果太少甚至查不到，用词太宽则检索出来的结果太多，难于选择出合适的标准。三是要合理利用关键词的组合，有时要检索的标准是通用的标准，用词也是常用的关键词，如果只使用一个检索词，检索出的结果过多，会给挑选造成许多麻烦，这时要使用多个检索词来组合检索。

需要说明的是，尽管我们尽力把最新的标准数据库介绍给读者，但是由于网络资源是一个动态系统，时刻处于变化之中。因此，上述各个标准数据库的网址或检索界面或许在本书出版后就已经更新或变化，这就需要读者时刻关注网上信息的变化情况，以便能检索到最新的相关信息。

下　篇
馆藏标准文献管理系统

第七章 馆藏标准文献管理系统

随着计算机技术的广泛应用，标准文献的计算机管理和标准文献的网络化查询已成为当今标准化信息服务的主流和发展趋势。对于各类图书馆来说，标准文献的管理基本经历了两个阶段：第一阶段是将标准文献作为特种文献和普通图书一起分配入藏，这种方式抹煞了标准文献的特点，给收藏、管理以及读者利用带来不便；后来在实践中逐渐发展到把标准文献作为特种文献进行管理，标准文献的管理进入第二阶段，即单独收藏、单独管理，这种方式则能较好地体现出标准文献的特性和标准文献独立的文献体系：不同于图书的题材格式、不同于图书的分类体系、独特的标志、可以按照标准号进行排架等，这样极大地方便了读者使用。正是这种方式的管理为实现馆藏标准文献的计算机管理创造了良好的条件，奠定了基础。

我们开发的这个管理系统就是针对上述标准文献的管理现状，建立起馆藏标准文献数据库，可以让师生和读者通过网络方便快捷地运用标准序号、颁布日期、标准名称的多种方式检索到自己需要的标准文献。馆藏标准文献数据库的建立不仅能够实现标准文献资源共享，而且也能解决目前经费不足的矛盾，同时也提高了标准文献的利用率，这也是我国图书馆事业发展的总趋势。

第一节 系统概述

一、系统应用对象

该系统是针对我国各类图书情报机构和标准文献收藏机构的标准文献管

理现状而设计开发的。不论是现代化的大型图书馆，还是传统的中、小型图书馆，不论是利用管理系统进行管理的图书馆，还是仍然利用手工进行管理的图书馆，只要有计算机，都可以使用本系统。如果图书馆有自己的服务器和站点，那么该系统可以安装在服务器上，同时在图书馆的主页上建立相应的链接，或者在图书馆现有的管理系统上生成一个"馆藏标准文献管理"的按钮，或者在图书馆主页上建立一个"馆藏标准文献管理"的导航，只要点击这些按钮或导航，进入相应的界面，就可以进行馆藏标准文献的管理和检索。如果图书馆没有自己的服务器，或者仍停留在手工管理阶段，则可以将这个系统安装在图书馆标准文献室中的计算机上，实现标准文献的现代化管理，同时建立起自己本馆的馆藏标准文献数据库。

二、系统应用环境

该系统如果安装在服务器上，则对服务器端要求为：Windows 2000/Windows XP（含 IIS），Microsoft. NET Framework v1.1。客户端：IE 5.0 以上浏览器，建议分辨率为 1024×768 像素。

如果该系统安装在单机的计算机上，则对该计算机要求为：Windows 2000/Windows XP（含 IIS），Microsoft. NET Framework v1.1。浏览器 IE 5.0 以上，建议分辨率为 1024×768 像素。

三、系统主要功能

1. 对馆藏标准文献实现计算机管理

本系统允许上传任何格式的标准文献，因此可以使用户对自己收藏的标准文献实行计算机管理，从而建立本馆的标准文献全文数据库。

2. 用户管理

包括用户登录及密码修改功能。

3. ICS 与 CCS 分类号检索

利用本系统可以按标准的关键词及分级两种方式检索出所需标准的国际标准分类号 ICS 和中国标准文献分类号 CCS。

4. 馆藏标准文献检索

利用这个管理系统，可以按标准号、中文名称、英文名称单个条件或组合条件进行馆藏标准文献的检索，检索的结果可以按页打印；可以查看检索到的标准文献的详细信息，如有标准全文，还可以下载或在线浏览。

5. 馆藏标准文献管理

包括馆藏标准文献录入、查询、修改和删除等，可以实现对馆藏标准文献的借阅管理，同时也可以对查询结果进行按页打印。

第二节　系统安装

系统不论安装在单机的计算机上，还是安装在服务器端，其需要的安装环境是一致的，即操作系统为 Windows 2000/Windows XP，而且必须含 IIS，同时安装有 Microsoft. NET Framework v1.1。需要注意的是安装 Microsoft. NET Framework v1.1 时，必须同时安装 Microsoft Visual Studio. NET 2003 系统必备。

一、系统安装准备

1. 操作系统 Windows 2000/Windows XP（含 IIS）安装

如果计算机中没有安装操作系统，或者已安装的操作系统不是要求的类型，则首先要安装操作系统，具体的安装方法请参考相关的资料。需要注意的是安装时必须选中 IIS 安装选项。

对于已安装 Windows 2000/Windows XP 操作系统的计算机，首先要确定计算机上安装有 Internet 信息服务（IIS），具体方法如下：开始→设置→控制面板→性能和维护→管理工具→Internet 信息服务，双击该项目后，可以看到如下图 7－1 所示的界面。此时即可以确定这台计算机安装了 IIS，可以在这台计算机上继续下一步安装。如果在管理工具中没有出现 Internet 信息服务，则需要对计算机进行配置，安装 IIS 服务组件。

安装步骤如下：开始→设置→控制面板→添加/删除程序→添加/删除

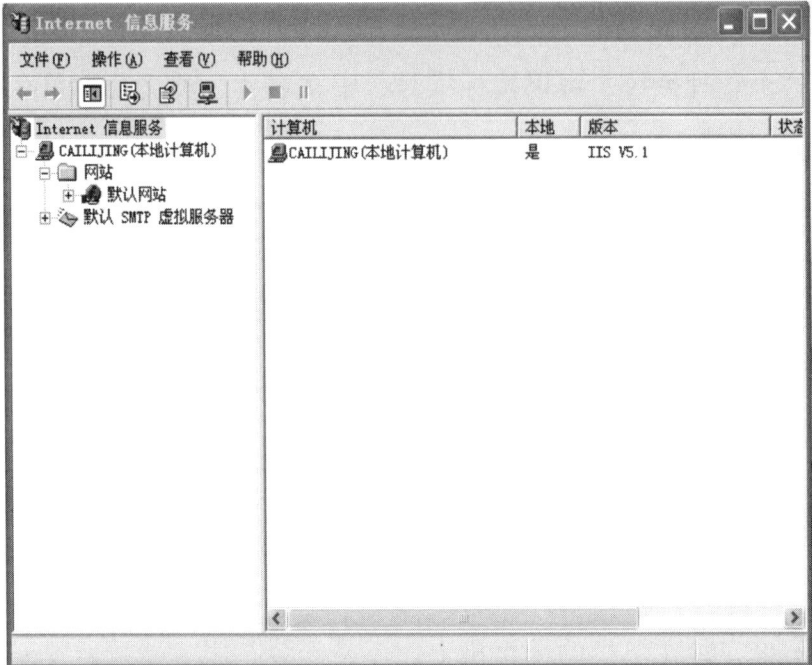

图 7 - 1   Internet 信息服务界面

windows 组件, 出现图 7 - 2 所示的对话框。

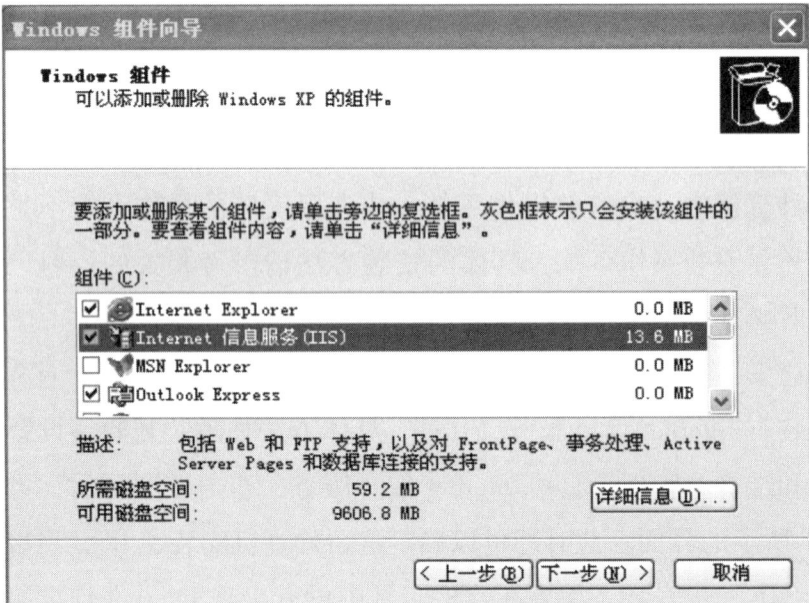

图 7 - 2   IIS 安装提示界面

选择上图中的"Internet 信息服务（IIS）"复选框，然后点击"下一步"，此时，系统提示在光驱中插入系统安装盘，注意，一定要使用装机时使用的版本的系统盘，否则有可能不能执行安装。如果手头没有这张盘，可以从网上下载"IIS 安装包"[①]，按照安装提示，安装在计算机中。

2. Microsoft Visual Studio. NET 2003 系统必备（含 Microsoft. NET Framework v1.1）的安装

该系统要求必须安装 Microsoft Visual Studio. NET 2003 系统必备（含 Microsoft. NET Framework v1.1）才能运行。安装需要的相关文件可以在 Microsoft Visual Studio. NET 2003 安装盘中找到，文件夹为"…\ WCU"。打开 WCU 文件夹，执行其中的 setup. exe 文件就可以安装这些系统必备。安装时会出现图 7 - 3 所示的提示。

图 7 - 3　Visual Studio. NET 2003 系统必备安装提示界面

在上述界面上点击"否"，执行安装程序，出现以下图 7 - 4 所示界面。

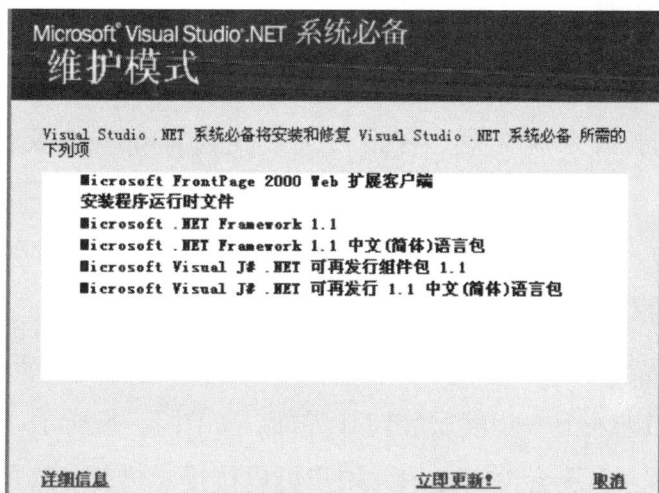

图 7 - 4　Visual Studio. NET 2003 系统必备安装提示界面

①　IIS 是这个非常普遍的 Windows 组件，目前网上可以免费下载 IIS6.0 版本，本系统可使用这个版本。

点击"立即更新"，则可以安装运行系统所需要的各种组件，如图 7 - 5 所示。

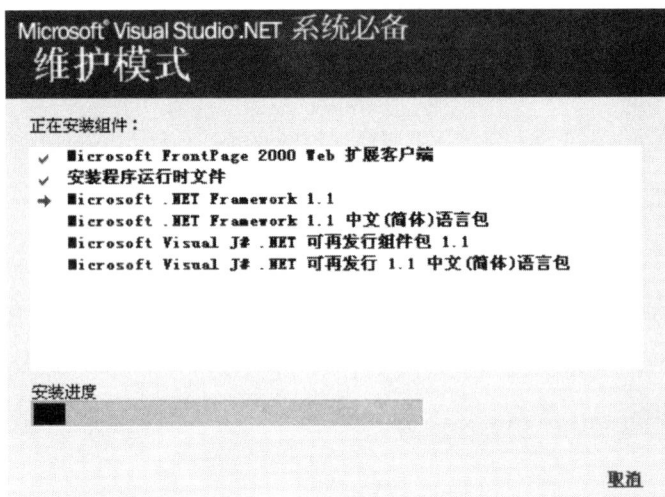

图 7 - 5　Visual Studio. NET 2003 系统必备安装过程界面

安装完成后，点击完成即可。至此，系统安装的准备工作已经完成，接下来就可以安装馆藏标准文献管理系统了。

二、系统安装

把系统光盘放入光驱中，系统会自动运行安装。如果没有自动弹出安装界面，则请双击打开系统光盘，在根目录下找到 setup. exe 文件，双击执行，则会弹出如图 7 - 6 所示的安装初始界面。

在该界面中，用户阅读最终用户许可协议后，点击"同意"按钮，则继续安装，出现如图 7 - 7 所示安装界面。

在该界面中输入正确的安装序列号："HBDR1020WINT0905"，点击"下一步"按钮，则进入下一步的安装向导界面，如图 7 - 8 所示。如果输入的安装序列号不正确，系统会给出提示，用户可以按提示进行相应的操作。

点击"下一步"则出现如图 7 - 9 所示的选择安装地址的界面。

在该界面中，默认的虚拟目录和端口分别为"standard"和"80"。要修改虚拟目录和端口，可以在相应的文本框中输入。输入虚拟目录和端口后，

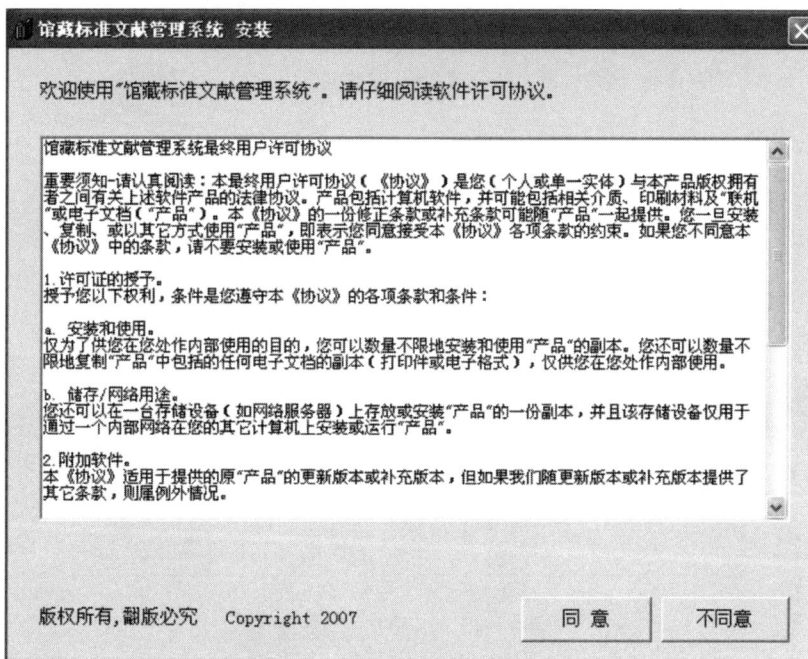

图 7-6　系统安装初始界面

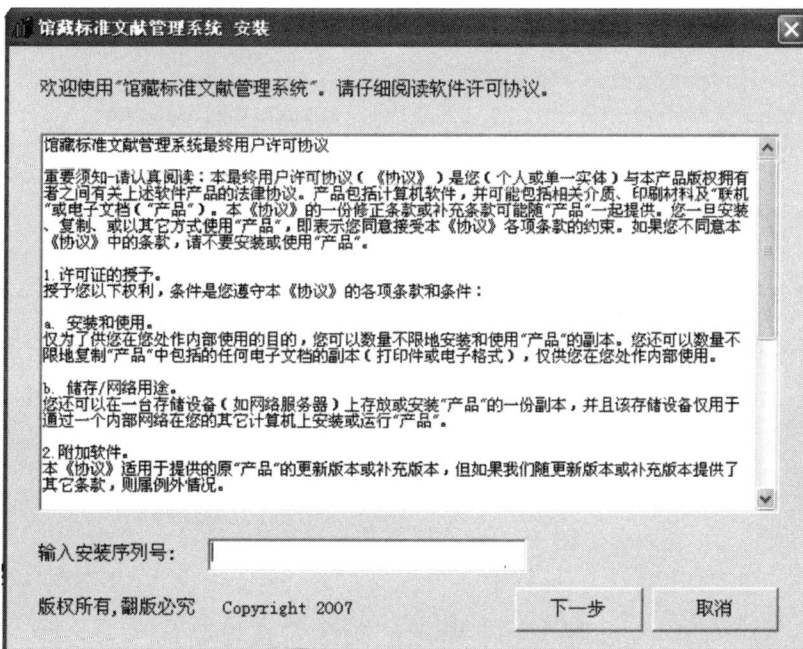

图 7-7　系统安装界面

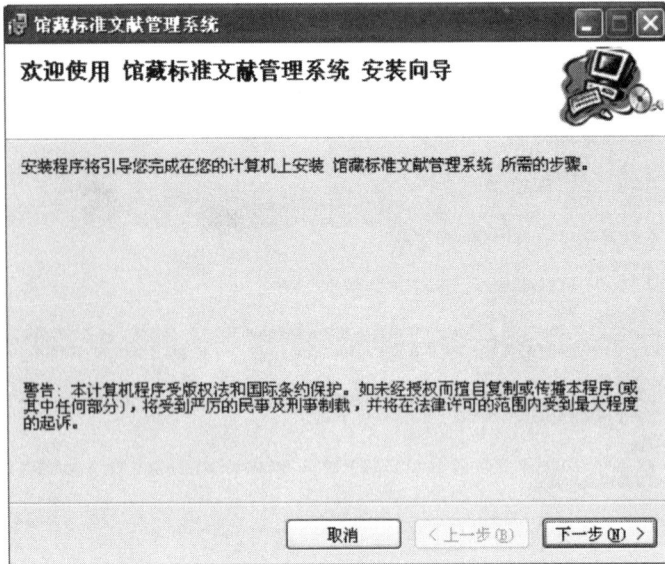

图 7 - 8　系统安装向导

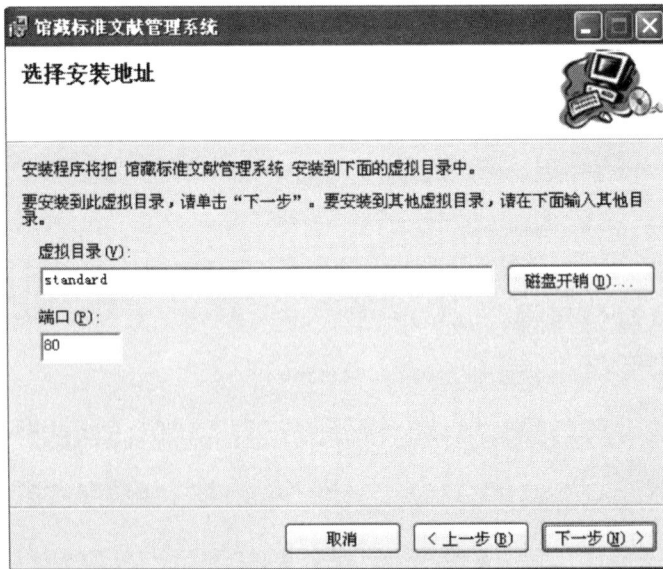

图 7 - 9　选择安装地址界面

点击"下一步"则出现如图 7 - 10 所示的确认安装界面。

　　点击"下一步"确认安装，则进入正在安装界面，如图 7 - 11 所示。

　　安装完成后弹出如图 7 - 12 所示的安装完成界面，点击"完成"关闭窗

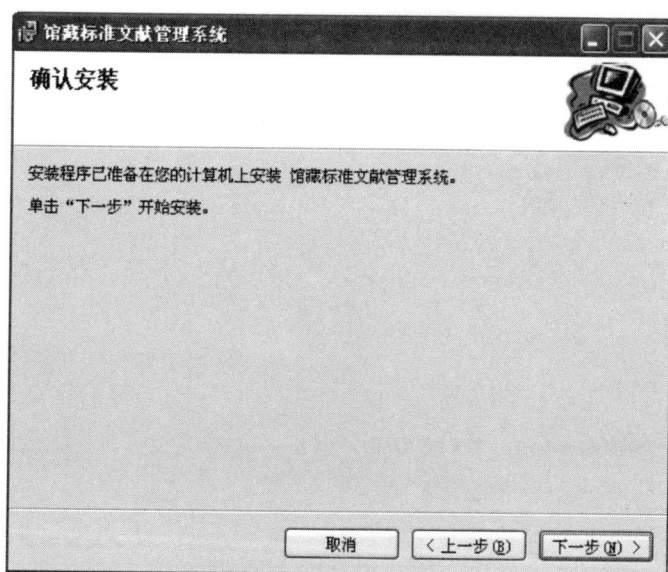

图 7 - 10 确认安装界面

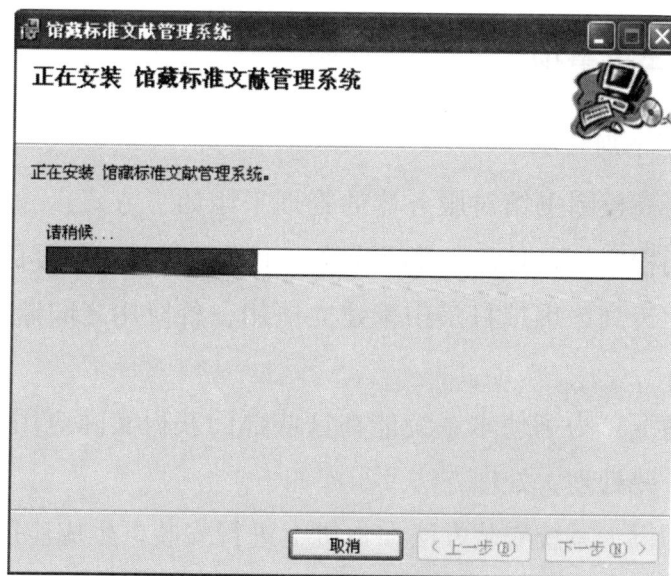

图 7 - 11 正在安装界面

口，则系统安装完毕。

如果在安装过程中想退出系统安装，则可以选择"取消"按钮操作，系统在得到确认后退出安装。

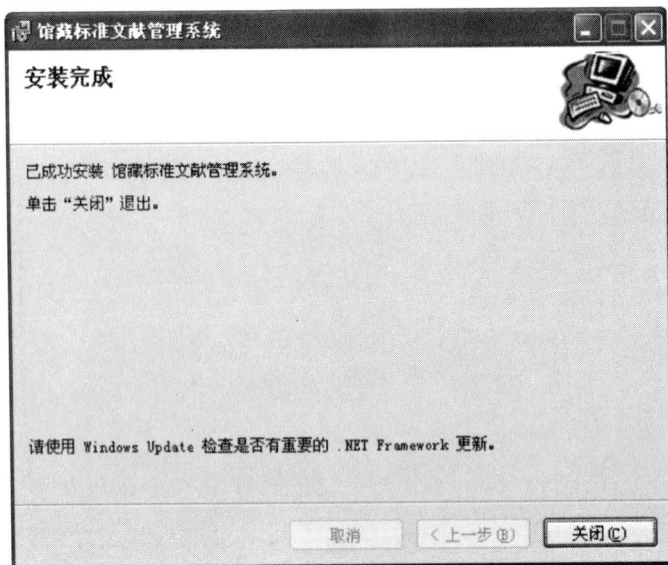

图 7 – 12　　安装完成界面

三、安装注意事项

1. 安装中的个别处理

目前，有些高校图书馆对服务器的管理采用如下方式：一般不在服务器中直接安装应用程序，只对各个部门开放一个虚拟目录，该部门的 WEB 应用程序通过文件上传到该虚拟目录中来建立应用，各应用之间通过建立超链接进行网页切换等。

针对这种情况，为了使本系统能在这些部门获得实际应用，必须对以上安装方法进行一些处理，处理方法及步骤如下。

首先，按照以上系统安装方法在本机上进行安装，生成应用程序文件夹，如 C：\ Inetpub \ wwwroot \ standard。

其次，把该文件夹下的所有文件和文件夹（含该目录下的文件）上传到该部门的虚拟目录根文件夹下。如该部门的虚拟目录根文件夹为 lib，则把本机 C：\ Inetpub \ wwwroot \ standard 文件夹下的所有文件（如 Web. config、index. aspx 等）和文件夹（如 bin、frame、PDF 等）上传到服务器中的 lib 文件夹下。

最后，在其他网页文件中添加超链接，指向该虚拟目录下的应用。如果该服务器地址为"http：//127.0.0.0"，则该部门 WEB 应用的地址为"http：//127.0.0.0/lib"，经过处理后的本系统链接地址则为"http：//127.0.0.0/lib/index.aspx"。

2. 关于 Microsoft.NET Framework v1.1 安装问题

需要说明的是，一旦我们的系统无法正常使用，应该首先要检查计算机是否能正常安装 Microsoft Visual Studio.NET 2003 系统必备，因为有时候一些计算机因为一些人为因素的影响尽管执行了 Microsoft Visual Studio.NET 2003 系统必备的安装程序，但是仍然无法正常使用，这时最好完全安装 Microsoft Visual Studio.NET 2003 系统软件，以确保管理系统的正常使用。

关于 Microsoft Visual Studio.NET 2003 软件的安装请参见该软件的安装说明，我们就不在这里介绍了。

第三节　系统个性化处理

在本机或服务器的 IE 浏览器地址栏中输入本系统的链接地址（如果知道本机或服务器的 IP 地址，可以输入 http：//IP 地址/standard/index.aspx，如果不清楚本机或服务器的 IP 地址，则可以输入 http：//localhost/standard/index.aspx），则可以进入系统的主界面，如图 7 - 13 所示。

一、个性化管理

所谓个性化管理就是将本单位的名称显示在系统的主界面上，从而体现出本单位馆藏标准文献特性。例如，如果是河北科技大学图书馆使用这个系统，则主界面可以显示成如图 7 - 14 所示的个性化管理界面。

二、个性化管理的实现

为了实现上述个性化管理，可以通过修改安装生成文件来完成。例如，如果是河北科技大学图书馆购买了这个系统，希望主界面具有本馆个性化管

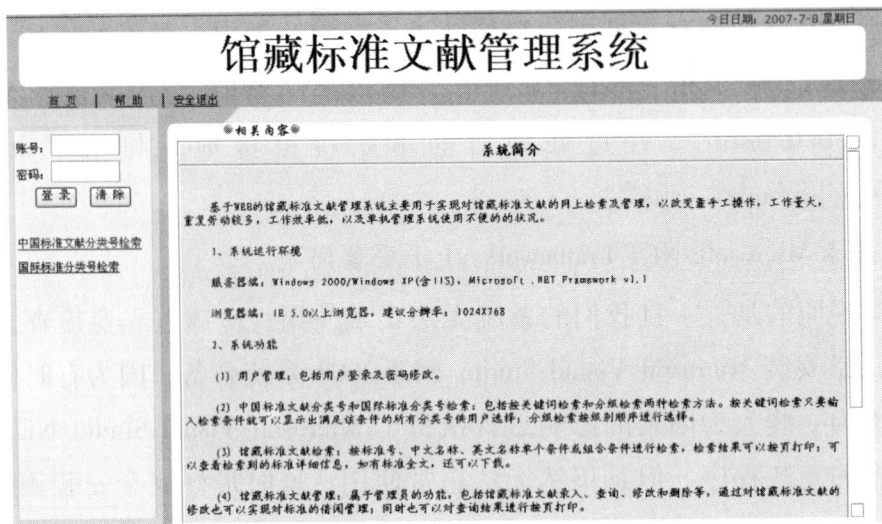

图 7 - 13　系统主界面

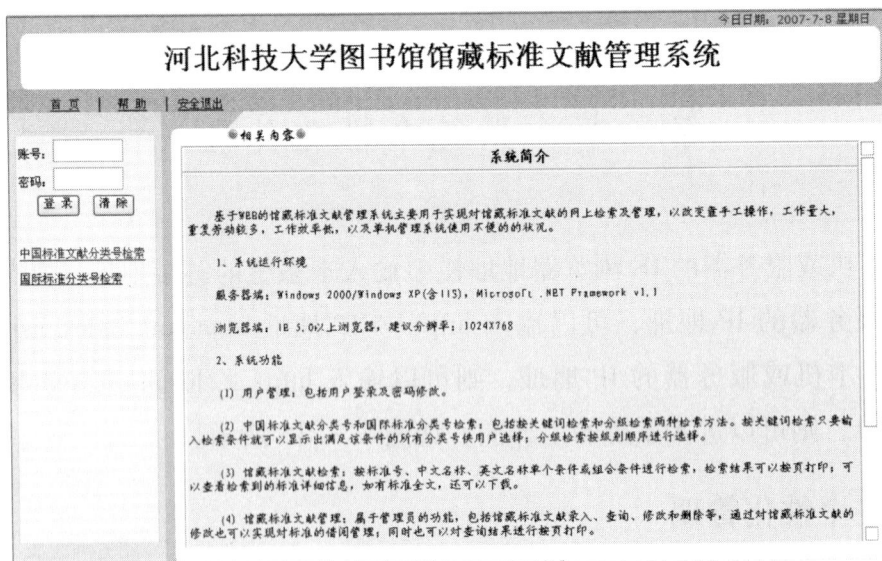

图 7 - 14　个性化管理界面

理，可以按照如下步骤操作。

1. 查找文件

首先要找到需要修改的文件，路经为：我的电脑→C 盘→Inetpub 文件夹→wwwroot 文件夹→Standard 文件夹，在这个文件夹中找到"index. aspx"文件。

2. 个性化设置

双击打开"index. aspx"文件，或者直接用记事本打开该文件，可以看到该文件的网页源代码，如图7－15所示。

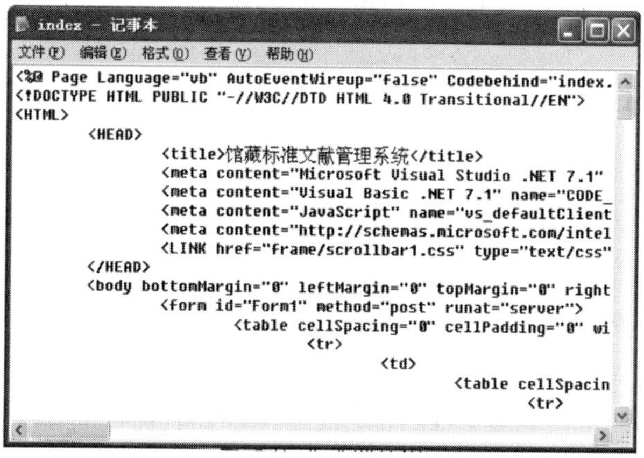

图7－15　index. aspx 源程序

在这些程序中找到"馆藏标准文献管理系统"文字（共两处），在前面加上"河北科技大学图书馆"，为了界面的美观，可选择适当的字号，如图7－16所示。

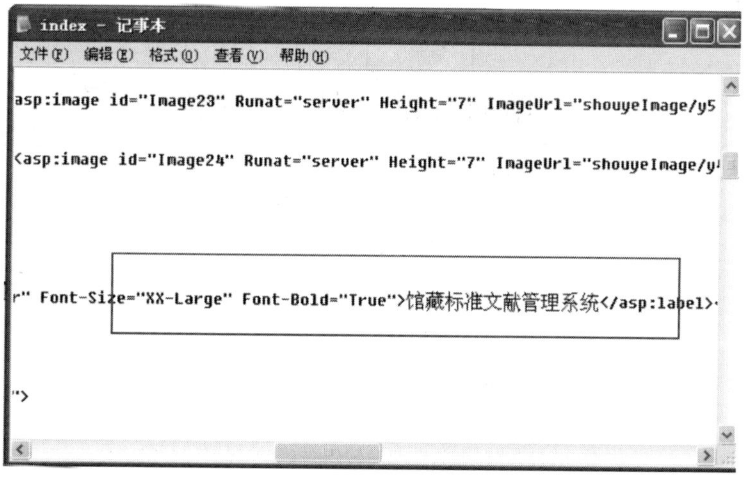

图7－16　个性化设置界面

如添加的文字过多，应选择小一点的字号，只需把框中文字"XX - Large"改为"X - Large"，之后保存文件，然后按正确路径进入管理系统，即可实现个性化管理。按照这个方法，购买该管理系统的标准文献收藏单位可以将本管理系统按照自己的愿望修改成具体单位的管理系统，从而使该系统成为具有本单位特色的馆藏标准文献管理系统。

第四节　系统的使用

一、系统介绍

系统主界面分几个部分，首先是左区域的导航栏、右区域的显示区、右上角的时间显示区；其次是"首页"、"帮助"、"安全退出"几个按钮。

左区域的导航栏包括用户和管理员登录的"账号"、"密码"录入框、"中国标准文献分类号检索"和"国际标准分类号检索"的链接，主界面如图7 - 17 所示。右边是显示区，只要在左区域选择相应的操作，就会将结果显示在右面的显示区。如果进行馆藏标准文献的检索，那么可以将检索的结果显示在这里。

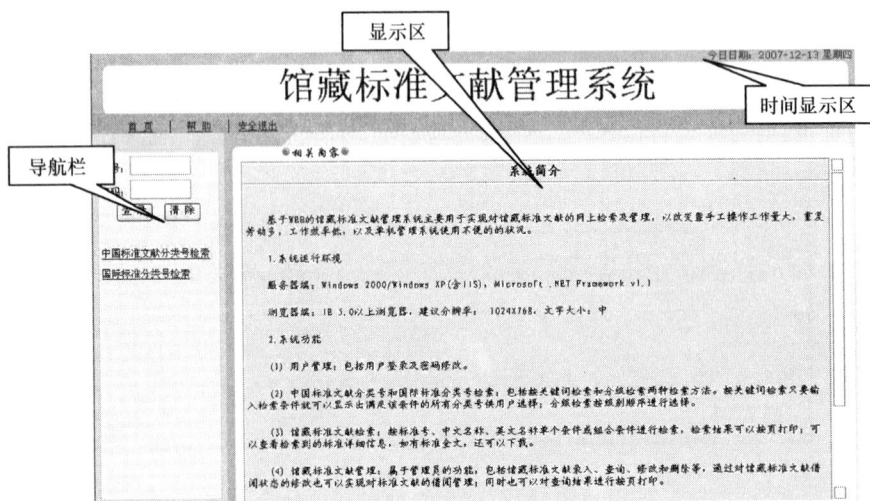

7 - 17　系统主界面

二、系统基本功能

所谓基本功能就是只要打开本系统就能进行操作的功能，不用进行登录。本系统最基本功能有如下两个。

1. 中国标准文献分类号检索

现在出版的各种标准都注明了"中国标准文献分类号 CCS"和"国际标准分类号 ICS"，但是这两种分类号通常都标注在标准文献的封面上，如果要获取这两个分类号，读者必须有标准文献。如果读者手中没有标准文献，或者有的标准文献没有注明这两个分类号，这时可以利用系统的这个功能检索出标准文献的这两种分类号。只要在主界面图上，点击"中国标准文献分类号检索"（或"国际标准分类号检索"）链接，可以在右面显示出图 7 – 18 所示的检索界面。

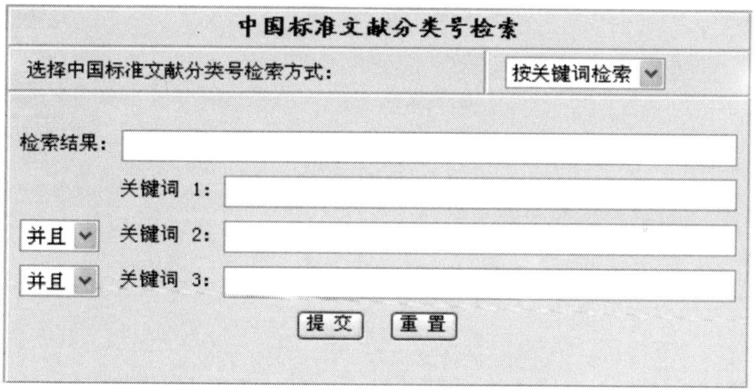

图 7 – 18　中国标准文献分类号 CCS 检索界面

中国标准文献分类号检索方式提供下拉菜单选择，可以选择"按关键词检索"和"分级检索"。关键词可以选择三个，利用"并且"和"或者"组合成自己需要的逻辑关系，可以检索出更加精确的结果，检索结果直接显示在结果区域。

（1）按关键词方式检索

例如，利用关键词检索标准文献"预包装食品标签通则"的 CCS 分类号，检索过程如下。

首先，打开图 7 - 18 中最上方的"选择中国标准文献分类号检索方式"后面的下拉菜单，选择检索方式为"按关键词检索"，则出现图 7 - 19 所示的界面。在关键词 1 的输入框中输入关键词"包装"，回车或点击"确定"按钮，结果如图 7 - 19 所示。

图 7 - 19　检索结果

用户可以结合标准的内容，根据显示的含义选择分类号，例如，对于该条标准的内容来说，A88 包装印记、铅封、贴标比较适合，点击该条后面的"选择"按钮，则 A88 的分类号就会出现在上面的"检索结果"一栏中。这样分类号就检索出来了。

（2）分级方式检索

例如，利用分级方式检索标准文献"饮用水质量测定方法"的 CCS 分类号，检索过程如下。

首先，打开图 7 - 18 所示图中的最上方"选择中国标准文献分类号检索方式"后面的下拉菜单，选择检索方式为"分级检索"，则出现如图 7 - 20 所示的检索界面。

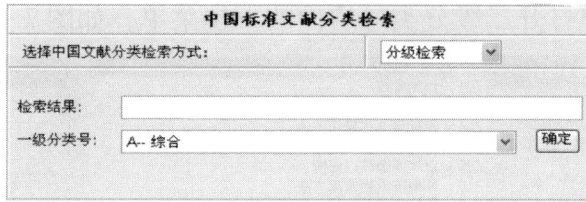

图 7 - 20　分级检索界面

用户可以在该界面上打开"一级分类号"的下拉菜单，会出现图 7 - 21 这样的界面，其中有各个一级分类的名称。

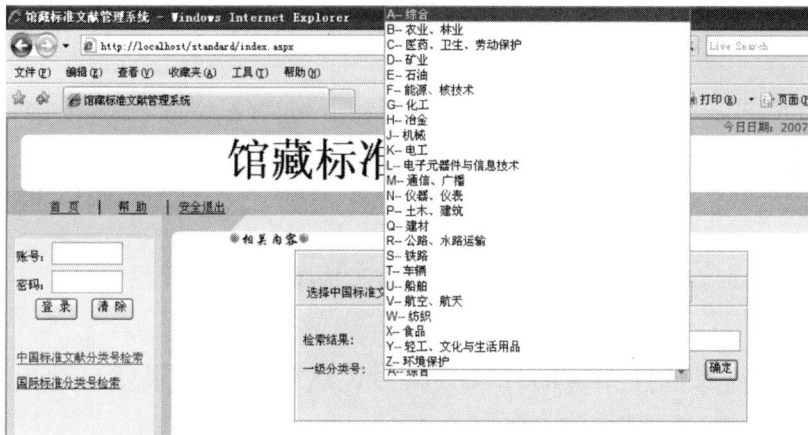

图 7 - 21　分级检索选择菜单

之后用户根据所要检索的标准的学科选择一级分类，例如该标准"饮用水质量测定方法"我们可以选择一级分类为"环境保护"，则弹出以下界面，如见图 7 - 22 所示。

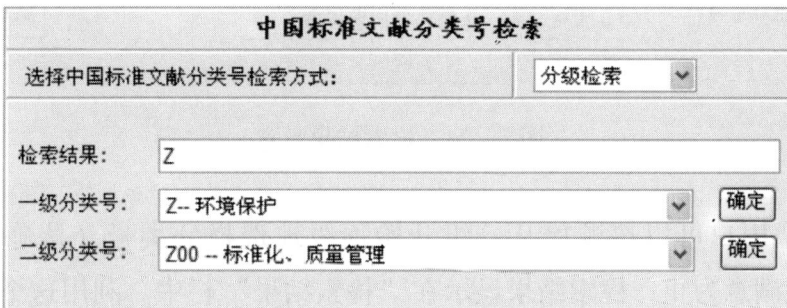

图 7 - 22　一级分类选择界面

在图 7 - 22 中打开二级分类号后面的下拉菜单，如图 7 - 23 所示。

图 7 - 23　二级分类选择界面

之后根据需要选择相应的二级分类号，这样检索结果就自动出现在"检索结果"的后面，如图 7 - 24 所示。

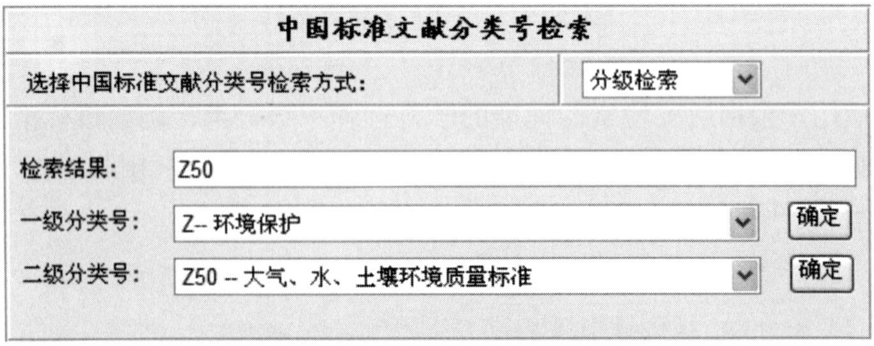

图 7 - 24　检索结果示意

这样，用户可以按顺序从一级开始逐级地选择分类号（按确定按钮选择），直到满意为止，检索结果显示在"检索结果"栏中。利用这个系统可以把繁琐的标准文献分类工作变成方便的鼠标点击的动作，满足了读者需求。

2. 国际标准分类号检索

国际标准分类号检索的方式和方法与中国标准文献分类号检索相同，也有关键词检索方式和分级检索方式，我们这里不再赘述。

三、管理员功能

在主界面上利用"admin"用户名（或属于管理员类型的用户）登录所实现的功能就是管理员功能。本系统的管理员功能有以下几个："馆藏标准文献录入"、"馆藏标准文献管理"、"用户密码修改"以及"国际标准分类号检索"和"中国标准文献分类号检索"。对于标准文献分类号的检索在基本功能中我们已经介绍了，这里我们主要对前三项功能进行详细介绍。

在账号输入框中输入"admin"，密码输入"admin"（默认密码，可以根据自己的需要修改和设置密码，见后文相关介绍），即可进入管理员功能菜单界面，如图 7 – 25 所示。

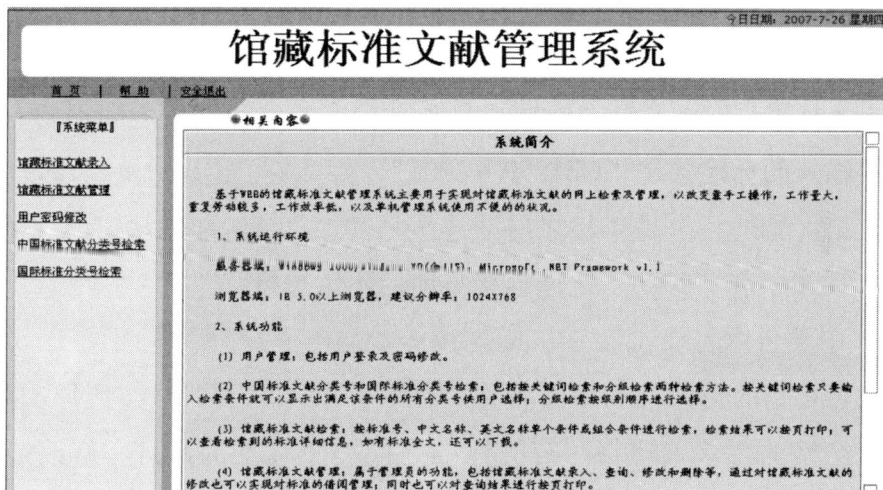

图 7 – 25　管理员功能菜单界面

1. 馆藏标准文献录入

点击这个界面上的"馆藏标准文献录入"可以进入馆藏标准文献录入界面，如图 7 – 26 所示。

在馆藏标准文献录入过程中，必填项目需要用户必须填写，有的可以不

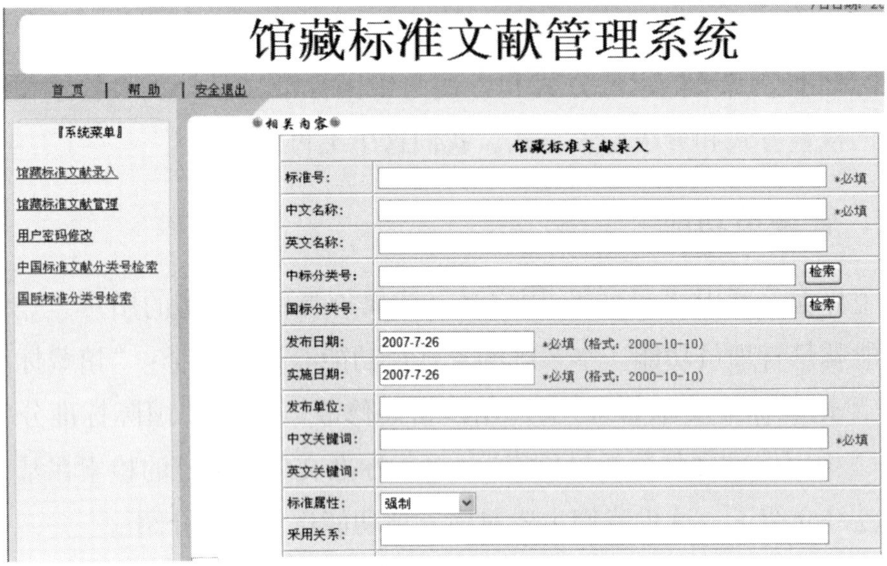

图 7 – 26　馆藏标准文献录入界面

必填写。我们按照界面的顺序对这几项款目分别加以说明。

（1）标准号的录入

在录入标准号时注意几个问题，一个是标准类型和编号之间不要有空格，例如，要输入的标准号是"GB1299 – 2006"，那么在"GB"和"1299"之间不要有空格。另外一个是年代之前的连接号"–"前后也不要有空格，如上例中的"1299"和"2006"之间连接号前后不留空格。

（2）中文名称的录入

中文名称指的是标准的中文名称。在名称录入时要严格按照原文献题名录入，有空格的要录入空格。有的标准是同一个标准的修订、修改或增补，这时，不仅要把原标准名称录入，而且还要录入是修订、修改或增补。

（3）英文名称的录入

尽管这一项目不是必填项目，但是由于目前大部分标准名称不仅有中文，而且还有英文，因此可以把这个项目作为必填项目。录入时要忠实于原标准的英文，不能随意变动。

（4）中标分类号的录入

中国标准文献分类号 CCS 后面是"检索"按钮，只要点击即可出现下拉菜单式的选择类目，用户可以根据要录入标准文献的封面上所注明的 CCS 分类号进行相应的选择即可。

注意，有时一条标准由于分类的角度不同，可能会有两个 CCS 号，这时第一个号可以利用下拉菜单选择填入，然后在这个号的后面输入"；"号，接着对第二个 CCS 号采用直接录入的方式填写。

（5）录入与检索的一致性

在录入标准时，即可以使用全角，也可以使用半角。但是在论是全角还是半角，一定要录入状态与检索输入状态保持一致，否则无法正确检索。

例如，要录入的标准文献的中标分类号 CCS 是 C23，点击图 7 - 26 的中标分类号输入框后面的"检索"按钮，出现图 7 - 27 所示的界面。

图 7 - 27　中标分类号的录入示意

打开一级分类号后面的下拉菜单，从中选择"C23 医药、卫生、劳动保护"，出现图 7 - 28 所示的界面。

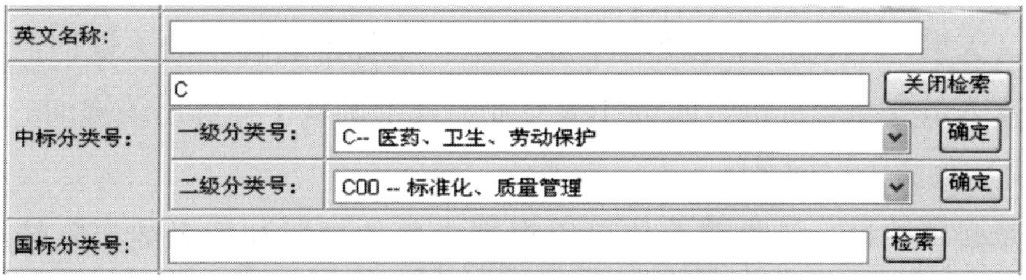

图 7 - 28　中标分类号二级分类号选择

这时我们可以看到，CCS 的二级分类号也出现了下拉菜单，打开后可以继续选择所需要的中标分类号，选择好后点击"确定"，这样中标分类号 C23 就选择好并输入好了，如图 7 - 29 所示。

因为我国的标准文献分类号绝大部分是二级类目号，因此，我们这个系

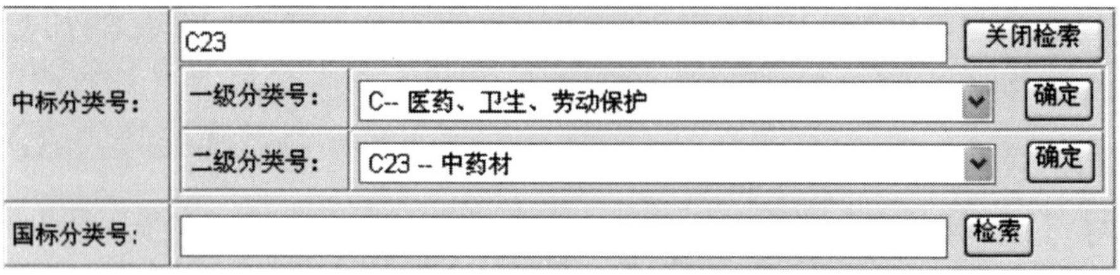

图 7 – 29　中标分类号的确定示意

统也是对中标分类号实行了二级类目。

（6）国际标准号的录入

国际标准分类号 ICS 的录入方法与中标分类号的录入方法完全相同，只是国际标准的分类采用的三级分类，即分类号可以分到三级。

（7）发布日期和实施日期的录入

发布日期和实施日期是标准文献的重要一项，通常注明在每条标准文献的封面上，录入格式按照系统要求即可。

（8）发布单位的录入

发布单位通常也注明在标准文献的封面上，一般来说，国家标准的发布单位都是中华人民共和国国家质量监督检验检疫总局和中国国家标准管理委员会联合发布。

（9）中文关键词录入

中文关键词一般录入 3 ~ 5 个，主要来自于标准名称中的关键词汇。这就要求录入人员要熟悉标准涉及的相关专业，能准确从中提炼出关键词。

（10）英文关键词录入

不是必填项目，各收藏单位可以根据本单位情况和读者的实际情况来确定是否录入。

（11）标准属性的录入

这里是指该标准是推荐标准，还是强制标准，或者是指导标准，可以利用系统提供的下拉菜单选择，根据要录入标准文献的具体情况选择。

（12）采用关系和被代替标准录入

采用关系通常是指等同采用、等效采用和非等同采用。被代替标准通常也注明在标准文献的封面上，用户可以根据标准文献封面的详细信息录入。

（13）借阅状态

这是一个下拉菜单式的选择项目，可以选择"在馆"和"借阅"两种方式。

（14）全文上传

目前许多标准文献都出版了电子版，用户还可以对馆藏标准文献的电子版进行全文上传，这样就能建立本馆的馆藏标准文献全文数据库，从而提高标准文献利用率，使读者通过网络就可以借阅或下载标准文献，方便了读者使用。对于收藏单位来说，也实现了标准文献管理的现代化、利用的网络化。

当上述项目都填好后点击"提交"按钮，出现提交成功的提示界面，这就说明正在输入的这一条标准已经成功地录入到系统中了。如果重复提交或者重复输入，则会出现图7-30所示界面。

图 7-30　重复提示界面

此时，检查系统中的信息，删除重复的信息，以保持数据库没有重复记录。

2.　馆藏标准文献管理

这个功能的界面如图7-31所示，它可以提供馆藏标准文献的检索功能，而且可以从"中文名称"、"英文名称"、"标准号"和"中文关键词"几个途径进行快速检索，以掌握馆藏标准文献的情况。

例如，检索"预包装食品标签通则"的国家标准，选择"中文名称"作为检索入口，输入框中输入上述标准名称，点击"提交"按钮，则可以检索

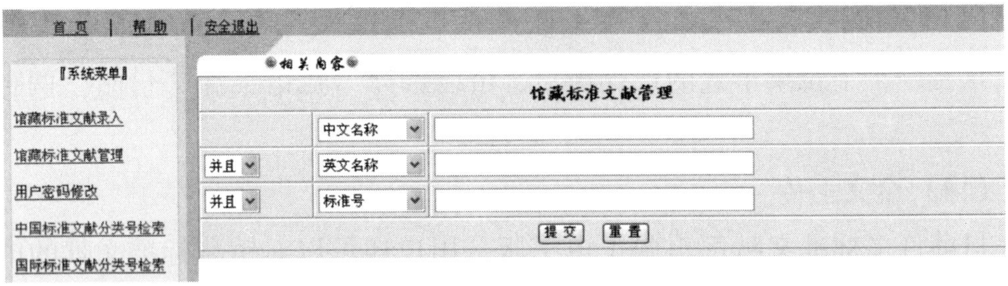

图7-31　馆藏标准文献管理功能界面

出该条标准，如图7-32所示①。

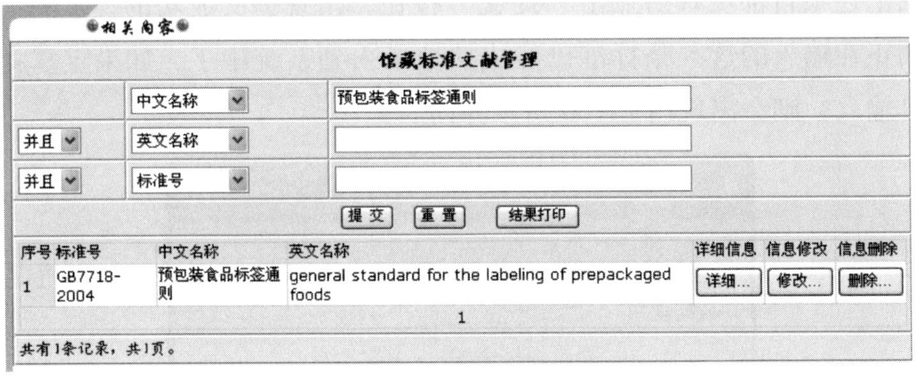

图7-32　系统管理界面

　　点击"详细"按钮，可以弹出如图7-33所示的对话框，这样就可以浏览该条标准的详细信息。

　　需要说明的是，利用这个功能时要进行"弹出窗口阻止程序设置"，允许该窗口弹出，具体方法为工具→弹出窗口阻止程序→弹出窗口阻止程序设置，然后设置成允许窗口弹出即可。

　　上述界面是浏览界面，即只能看不能改。如果发现标准有误，需要修改，则点击图7-32中的"修改"按钮，弹出图7-34所示的界面。

　　在这里可以任意修改错误的标准，修改完后点击"提交"，会出现图7-

─────────────

　　①　实例中所使用的数据"预包装食品标签通则"是为介绍系统所创建，用户在实际应用中得到的检索结果是根据用户的录入信息得出的，即用户所使用的系统本身是不带有这些内容的，以下同。

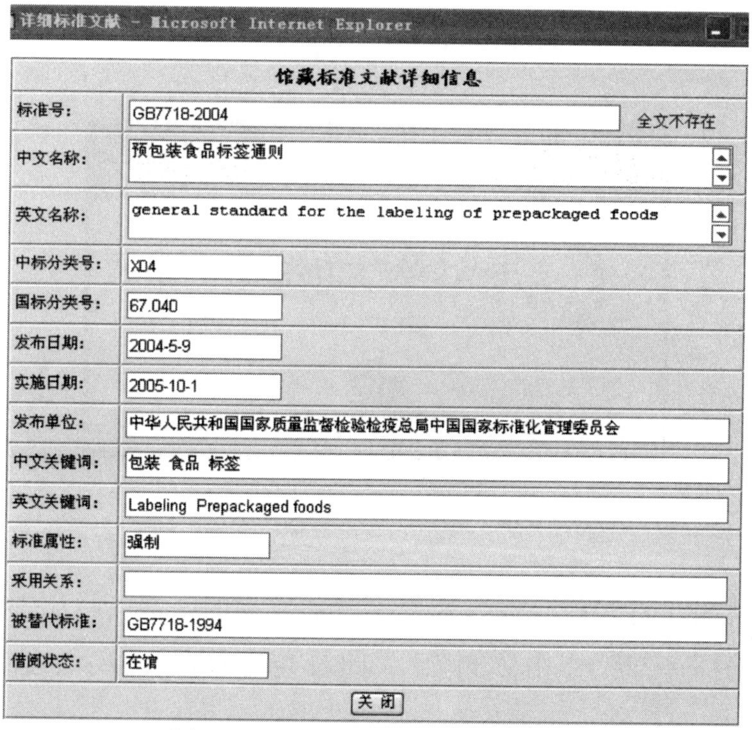

图 7－33　标准文献详细信息浏览

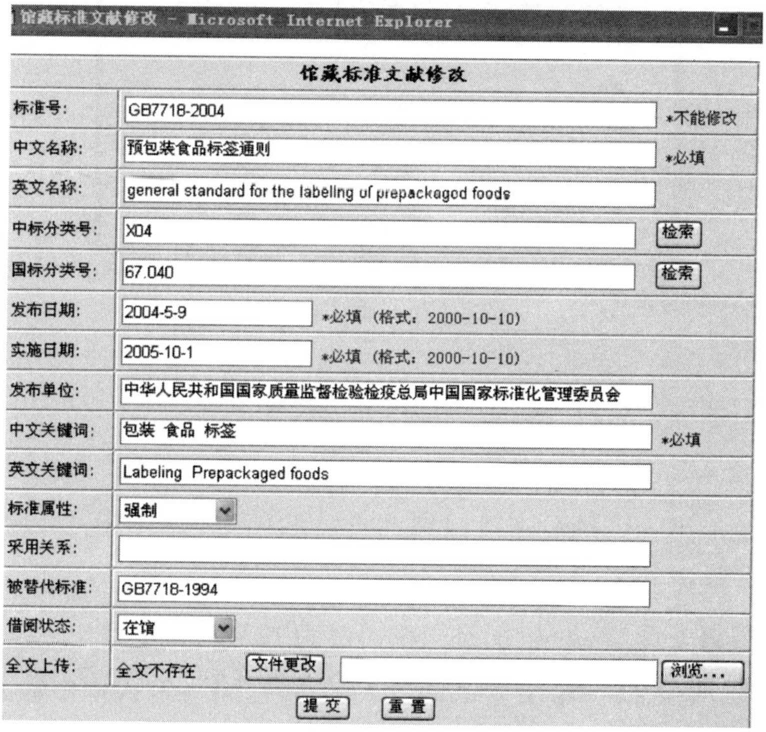

图 7－34　标准文献修改界面

35 所示的提示界面，这就说明标准文献的修改已经完成，可以点击"确定"以结束修改。

图 7 - 35　修改完成提示

如果该条标准已经作废或者标准文献需要剔旧，可以在检索出来的该条标准后面（图 7 - 32）点击"删除"，此时会出现确认提示，如图 7 - 36 所示。

图 7 - 36　确认提示

如果确定删除，点击"确定"即可完成操作。

3. 修改登录密码

在这个功能里，管理员还可以修改自己的用户名和密码，以维护系统的安全（图 7 - 37）。

例如，要将管理员 admin 的登录密码改为 123123，步骤如下：

"原密码"输入框中输入"admin" → "新密码"输入框中输入新的密码"123123" → "确认密码"输入框中输入"123123"，点击"修改密码"按钮

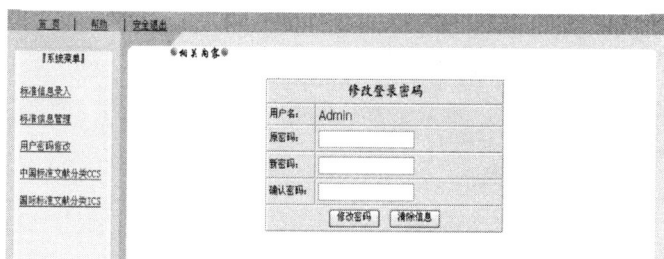

图 7 - 37　修改登录密码界面

或直接回车，则出现以下提示（图 7 - 38）

图 7 - 38　密码修改成功提示

点击"确定"按钮，则可以完成密码修改返回密码修改界面。

四、读者功能

利用 guest 用户名登录后实现的功能我们称之为读者功能，实现读者功能的界面如图 7 - 39 所示。

从图 7 - 39 上我们可以看到，在系统菜单中有三项功能：馆藏标准文献检索、中国标准文献分类号 CCS 检索、国际标准分类号 ICS 检索，其使用方法在前面已经介绍了，这里不再详细介绍。

对于各个图书馆来说，读者功能是为广大读者提供标准文献服务的主要界面，通常可以在图书馆的站点或主页上点击相应的链接就可以登录到这个功能。读者可以在这里自己查找所需要的馆藏标准文献。

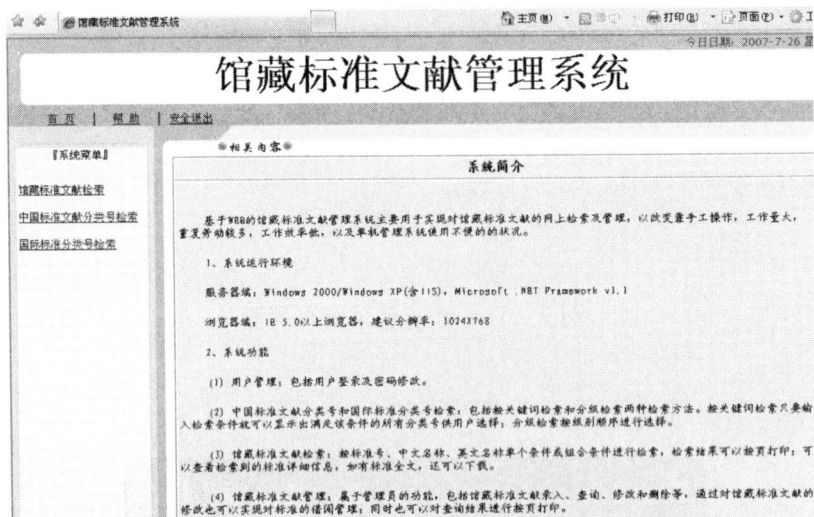

图 7 - 39　读者功能界面图

五、使用注意事项

该系统要求必须安装 IIS 和 Microsoft. NET Framework v1.1。因此使用时首先要检查系统是否安装上述组件。

标准文献录入时需要注意：一定要保持录入格式的一致性。即不同的录入人员在录入时都要遵循同一个格式，而且在检索时，输入的检索词的格式也要和录入时使用的格式相一致，这样才能保证系统的正常使用。这是因为标准文献是一种很特殊的文献，其标准号是该类文献的一个非常有用的款目，可以用来作为检索词使用，其录入时的"全角"、"半角"，数字之间的空格与否等都会影响到检索效果，因此每个用户在使用该系统之初，就要对录入做出规定，保持数据库格式的一致。为了使用户更好地利用这个系统，建议用户对标准文献的管理制定一个合理的建库规则，以确保馆藏标准文献数据库的顺利使用。

总之，该系统可以帮助标准收藏单位实现手工管理向现代化管理的转变，使标准文献的管理跟上网络时代的步伐，并为读者利用提供方便。

附录1《中国标准文献分类法》（CCS）类目表

分 类 号	类 名
A	综合
00/09	标准化管理与一般规定
10/19	经济、文化
20/39	基础标准
40/49	基础科学
50/64	计量
65/74	标准物质
75/79	测绘
80/89	标志、包装、运输、贮存
90/94	社会公共安全
B	农业、林业
00/09	农业、林业综合
10/14	土壤与肥料
15/19	植物保护
20/29	粮食与饲料作物
30/39	经济作物
40/49	畜牧
50/59	水产、渔业
60/79	林业
90/99	农、林机械与设备
C	医药、卫生、劳动保护
00/09	医药、卫生、劳动保护综合
10/29	医药
30/49	医疗器械
50/64	卫生
65/74	劳动安全技术
75/79	劳动保护管理
80/89	消防
90/99	制药、安全机械与设备

续表

分 类 号	类 名
D	矿业
00/09	矿业综合
10/19	地质矿产勘察与开发
20/29	固体燃料矿
30/39	黑色金属矿
40/49	有色金属矿
50/59	非金属矿
80/89	地质勘探设备
90/99	矿山机械设备
E	石油
00/09	石油综合
10/19	石油勘探、开发与集输
20/29	石油、天然气
30/49	石油产品
60/69	石油产品添加剂
90/99	石油勘探、开发与集输设备
F	能源、核技术
00/09	能源、核技术综合
10/19	能源
20/29	电力
40/49	核材料、核燃料
50/59	同位素与放射源
60/69	核反应堆
70/79	辐射防护与监测
80/89	核仪器与核探测器
90/99	低能加速器

续表

分 类 号	类 名
G	化工
00/09	化工综合
10/14	无机化工原料
15/19	有机化工原料
20/29	化肥、农药
30/39	合成材料
40/49	橡胶制品及其辅助材料
50/59	涂料、颜料、染料
60/69	化学试剂
70/79	化学助剂、表面活性剂、催化剂、水处理剂
80/84	信息用化学品
85/89	其他化工产品
90/99	化工机械与设备
H	冶金
00/09	冶金综合
10/19	金属化学分析方法
20/29	金属理化性能实验方法
30/34	冶金原料与辅助材料
40/59	钢铁产品
60/69	有色金属及其合金产品
70/74	粉末冶金
80/84	半金属与半导体材料
90/99	冶金机械设备
J	机械
00/09	机械综合
10/29	通用零部件
30/39	加工工艺
40/49	工艺装备
50/59	金属切削机床
60/69	通用加工工艺
70/89	通用机械与设备
90/99	活塞式内燃机与其他动力设备

分　类　号	类　　名
K	电工
00/09	电工综合
10/19	电工材料和通用零件
20/29	旋转电机
30/39	低压电器
40/49	输变电设备
50/59	发电用动力设备
60/69	电气设备与器具
70/79	电气照明
80/89	电源
90/99	电工生产设备
L	电子元器件与信息技术
00/09	电子元器件与信息技术综合
10/34	电子元件
35/39	电真空器件
40/49	半导体分立器件
50/54	光电子器件
55/59	微电路
60/69	计算机
70/84	信息处理技术
85/89	电子测量与仪器
90/94	电子设备专用材料、零件、结构件
95/99	电子工业生产设备
M	通信、广播
00/09	通信、广播综合
10/29	通信网
30/49	通信设备
50/59	雷达、导航、遥控、遥测、天线
	广播、电视网
70/79	广播、电视设备
80/89	邮政
90/99	通信、广播设备生产机械

续表

分　类　号	类　　名
N	仪器、仪表
00/09	仪器、仪表综合
10/19	工业自动化仪表与控制装置
20/29	电工仪器仪表
30/39	光学仪器
40/49	电影、照相、缩微、复印设备
50/59	物质成分分析仪器与环境监测仪器
60/69	实验室仪器与真空仪器
70/79	试验给予无损探伤仪器
90/99	其他仪器仪表
P	工程建设
00/09	工程建设综合
10/14	工程勘察与岩土工程
15/19	工程抗震、工程防火、人防工程
	工程结构
30/39	工业与民用建筑工程
40/44	给水、排水工程
45/49	供热、供气、空调及制冷工程
50/54	城乡规划与市政工程
55/59	水利、水电工程
60/64	电力、核工业工程
65/69	交通运输工程
70/79	原材料工业及通信、广播工程
80/84	机电制造业工程
85/89	农林业及轻纺工业工程
90/94	工业设备安装工程
95/99	施工机械设备
Q	建材
00/09	建材综合
10/29	建材产品
30/39	陶瓷、玻璃
40/49	耐火材料
50/59	碳素材料
60/69	其他非金属矿制品

分　类　号	类　　名
70/79	建筑构配件与设备
80/89	公用与市政建设器材设备
90/99	建材机械与设备
R	公路、水路运输
	公路、水路运输综合
10/19	公路运输
	水路运输
30/39	船舶维护与修理
40/49	港口装卸
50/59	救助、打捞与潜水
60/69	航道与航标
	交通管理
S	铁路
00/09	铁路综合
10/29	铁路建筑设备
30/39	机车车辆通用标准
40/49	机车
50/59	铁路车辆
60/69	铁路信号
70/79	铁路通信
80/84	牵引供电
90/99	铁路运输
T	车辆
00/09	车辆综合
10/19	汽车发动机
20/29	汽车底盘与车身
30/34	车辆通用零部件
35/39	车用电子、电气设备与仪表
40/49	汽车
50/59	专用汽车
60/69	拖拉机
70/79	挂车

续表

分 类 号	类 名
80/89	摩托车
90/99	无轨电车与其他车辆
U	船舶
00/09	船舶综合
10/19	船舶总体
20/29	舾装设备
30/39	船舶专用装备
40/49	船用主辅机
50/59	船舶管路附件
60/69	船舶电气、观通、导航设备
80/89	船舶制造工艺装备
90/99	造船专用工艺设备
V	航空、航天
00/09	航空、航天综合
10/19	航空、航天材料与工艺
20/29	航空器与航天器零部件
30/34	航空发动机及其附件
35/49	航空器及其附件
50/59	航空运输与地面设备
70/79	航天器及其附件
80/89	航天地面设备
90/99	航空器与航天器制造用设备
W	纺织
00/09	纺织综合
10/19	棉纺织
20/29	毛纺织
30/39	麻纺织
40/49	丝纺织
	化学纤维
55/59	纺织制品
	针织
70/79	印染制品
90/99	纺织机械与器具

续表

分 类 号	类 名
X	食品
00/09	食品综合
10/29	食品加工与制品
30/34	制糖与糖制品
35/39	制盐
40/49	食品添加剂与食用香料
50/59	饮料
60/69	食品发酵、酿造
70/79	罐头
80/84	特种食品
84/89	制烟
90/99	食品加工机械
Y	轻工、文化与生活用品
00/09	轻工、文化与生活用品综合
10/19	钟表、自行车、缝纫机
20/29	日用玻璃、陶瓷、搪瓷、塑料制品
30/39	造纸
40/44	日用化工品
45/49	皮革加工与制品
	文教、体育、娱乐用品
60/69	家用电器、日用机具
70/74	五金制品
75/79	服装、鞋、帽与其他缝制品
80/84	家具
85/89	工艺美术品与其他日用品
90/99	轻工机械
Z	环境保护
00/09	环境保护综合
10/39	环境保护采样、分析测试方法
59/59	环境质量标准
60/79	污染物排放标准

附录 2 《国际标准分类法》（ICS）一级类目表

分 类 号	类目名称
01	综合、术语学、标准化、文献
03	社会学、服务、公司（企业）的组织和管理、行政、运输
07	数学、自然科学
11	医药卫生技术
13	环保、保健和安全
17	计量学和测量、物力现象
19	试验
21	机械系统和通用件
23	液体系统和通用件
25	机械制造
27	能源和热传导工程
29	电气工程
31	电子学
33	电信、音频和视频工程
35	信息技术、办公机械
37	成像技术
39	精密机械、珠宝
43	道路车辆工程
45	铁路工程
47	造船和海上构筑物
49	航空器和航天器工程
53	材料储运设备
55	货物的包装盒调运
59	纺织和皮革技术
61	服装工业
65	农业
67	食品技术
71	化工技术
73	采矿和矿产品
75	石油及相关技术
77	冶金

分　类　号	类目名称
79	木材技术
81	玻璃和陶瓷工业
83	橡胶和塑料工业
85	造纸技术
87	涂料和颜料工业
91	建筑材料和建筑物
93	土木工程
95	军事工程
97	家用和商用设备、文娱、体育
99	无标题（该类保留出来，作为内部其他用途）

参考文献

1. 余哲．标准化发展的历史学思考．黑龙江社会科学，2005，（1）：86～88

2. 谭福有．标准和标准化的概念．信息技术与标准化，2005，（3）：56～57

3. 谭福有．标准化的地位和作用．信息技术与标准化，2005，（4）：54～55

4. 谭福有．标准化的对象．信息技术与标准化，2002，（5）：54～56

5. 姜桂芳．标准文献收藏、使用问题的研究与实践．现代情报，2003，（10）：140～141

6. 陈文府．国家标准化发展的新特点及启示．商业时代，2005，（8）：55～57

7. 晏浩．新形势下标准化的作用．大众标准化，2005，（1）：21～24

8. 张进莺．创建高质量的标准数据库．实现标准文献的现代化管理，2003，（6）：11～15

9. 张秀兰．标准文献著录的变化．情报杂志，2000，（3）

10. 王平．标准文献的管理和检索．标准化基础知识，2001，（4）：38～42

11. 梁宏霞．论新时期的标准文献工作．科技情报开发与经济，2003，（9）

12. http：//www. chinastandard. com. cn（2007 年 4 月 10 日访问）

13. http：//www. bzcn. net（2007 年 4 月 10 日访问）

14. http：//www. china－cas. com（2007 年 4 月 10 日访问）

15. http：//www. chinagb. org（2007 年 4 月 10 日访问）

16. http：//www. cssn. net. cn（2007 年 4 月 10 日访问）

17. http：//www. jb. ac. cn（2007 年 4 月 10 日访问）

18. http：//www. dls. org. cn（2007 年 4 月 10 日访问）

19. http：//www. cesi. ac. cn（2007 年 4 月 10 日访问）

20. http：//www. caqs. gov. cn（2007 年 4 月 10 日访问）

21. http：//www. cwts. org（2007 年 4 月 10 日访问）

22. http：//www. pis. org. cn（2007 年 4 月 10 日访问）

23. http：//www. ieee. org（2007 年 4 月 23 日访问）

后　记

经过一年多的努力，《馆藏标准文献管理系统》终于问世了。该书的主要内容由两大部分构成：标准文献基础知识、馆藏标准文献管理系统。作者针对目前各类图书馆的实际情况，围绕馆藏标准文献的管理问题进行了深入的调查研究，结合图书馆标准文献管理人员在管理标准文献时遇到的问题，撰写了标准文献基础知识的相关内容，同时设计开发了适用于我国各类图书馆的馆藏标准文献的管理系统。利用这个系统，即可以实现现有的馆藏标准文献的现代化管理。

《馆藏标准文献管理系统》的出版得到了同行的大力支持和配合，在系统测试过程中河北科技大学图书馆佟伟馆长、河北省图书馆顾玉青馆长给予了大力帮助，同时还有许多同行为这个系统的开发做了大量的工作，他们是：丁琳、苗拥军、李淑文、陈军、宁艳艳、杨堃、殷玉军、姚秀敏。在此，对这些领导和同行付出的辛苦劳动和给予的帮助表示衷心的感谢！

编者

2007 年 10 月